本书由
中央高校建设世界一流大学（学科）
和特色发展引导专项资金
资助

中南财经政法大学“双一流”建设文库

创｜新｜治｜理｜系｜列｜

民营公司参股银行、债权人治理弱化与经济后果

杨国超　著

中国财经出版传媒集团
中国财政经济出版社

图书在版编目（CIP）数据

民营公司参股银行、债权人治理弱化与经济后果 / 杨国超著. -- 北京：中国财政经济出版社，2019.12
（中南财经政法大学“双一流”建设文库. 创新治理系列）
ISBN 978-7-5095-9349-3

Ⅰ. ①民…　Ⅱ. ①杨…　Ⅲ. ①民营企业－企业管理－研究 ②股份制商业银行－研究　Ⅳ. ①F276.2 ②F830.35

中国版本图书馆 CIP 数据核字（2019）第 238976 号

责任编辑：田明晖　　　　责任校对：徐艳丽
封面设计：陈宇琰

民营公司参股银行、债权人治理弱化与经济后果

MINYING GONGSI CANGU YINHANG、ZHAIQUANREN ZHILI RUOHUA YU JINGJI HOUGUO

中国财政经济出版社 出版

URL：http：//www.cfeph.cn
E-mail：cfeph@cfemg.cn

社址：北京市海淀区阜成路甲 28 号　邮政编码：100142
营销中心电话：010-88191537
北京财经印刷厂印装　各地新华书店经销
787×1092 毫米　16 开　12 印张　183 000 字
2019 年 12 月第 1 版　2019 年 12 月北京第 1 次印刷
定价：56.00 元
ISBN 978-7-5095-9349-3
（图书出现印装问题，本社负责调换）
本社质量投诉电话：010-88190744
打击盗版举报热线：010-88191661　QQ：2242791300

总 序

“中南财经政法大学‘双一流’建设文库”是中南财经政法大学组织出版的系列学术丛书，是学校“双一流”建设的特色项目和重要学术成果的展现。

中南财经政法大学源起于1948年以邓小平为第一书记的中共中央中原局在挺进中原、解放全中国的革命烽烟中创建的中原大学。1953年，以中原大学财经学院、政法学院为基础，荟萃中南地区多所高等院校的财经、政法系科与学术精英，成立中南财经学院和中南政法学院。之后学校历经湖北大学、湖北财经专科学校、湖北财经学院、复建中南政法学院、中南财经大学的发展时期。2000年5月26日，同根同源的中南财经大学与中南政法学院合并组建“中南财经政法大学”，成为一所财经、政法“强强联合”的人文社科类高校。2005年，学校入选国家“211工程”重点建设高校；2011年，学校入选国家“985工程优势学科创新平台”项目重点建设高校；2017年，学校入选世界一流大学和一流学科（简称“双一流”）建设高校。70年来，中南财经政法大学与新中国同呼吸、共命运，奋勇投身于中华民族从自强独立走向民主富强的复兴征程，参与缔造了新中国高等财经、政法教育从创立到繁荣的学科历史。

“板凳要坐十年冷，文章不写一句空”，作为一所传承红色基因的人文社科大学，中南财经政法大学将范文澜和潘梓年等前贤们坚守的马克思主义革命学风和严谨务实的学术品格内化为学术文化基因。学校继承优良学术传统，深入推进师德师风建设，改革完善人才引育机制，营造风清气正的学术氛围，为人才辈出提供良好的学术环境。入选“双一流”建设高校，是党和国家对学校70年办学历史、办学成就和办学特色的充分认可。“中南大”人不忘初心，牢记使命，以立德树人为根本，以“中国特色、世界一流”为核心，坚持内涵发展，“双一流”建设取得显著进步：学科体系不断健全，人才体系初步成型，师资队伍不断壮大，研究水平和创新能力不断提高，现代大学治理体系不断完善，国际交流合作优化升级，综合实力和核心竞争力显著提升，为在2048年建校百年时，实现主干学科跻身世界一流学科行列的发展愿景打下了坚实根基。

“当代中国正经历着我国历史上最为广泛而深刻的社会变革，也正在进行着人类历史上最为宏大而独特的实践创新”，“这是一个需要理论而且一定能够产生理论的时代，这是一个需要思想而且一定能够产生思想的时代”①。坚持和发展中国特色社会主义，统筹推进“五位一体”总体布局和协调推进“四个全面”战略布局，实现“两个一百年”奋斗目标、实现中华民族伟大复兴的中国梦，需要构建中国特色哲学社会科学体系。市场经济就是法治经济，法学和经济学是哲学社会科学的重要支撑学科，是新时代构建中国特色哲学社会科学体系的着力点、着重点。法学与经济学交叉融合成为哲学社会科学创新发展的重要动力，也为塑造中国学术自主性提供了重大机遇。学校坚持财经政法融通的办学定位和学科学术发展战略，“双一流”建设以来，以“法与经济学科群”为引领，以构建中国特色法学和经济学学科、学术、话语体系为己任，立足新时代中国特色社会主义伟大实践，发掘中国传统经济思想、法律文化智慧，提炼中国经济发展与法治实践经验，推动马克思主义法学和经济学中国化、现代化、国际化，产出了一批高质量的研究成果，“中南财经政法大学‘双一流’建设文库”即为其中部分学术成果的展现。

文库首批遴选、出版二百余册专著，以区域发展、长江经济带、“一带一路”、创新治理、中国经济发展、贸易冲突、全球治理、数字经济、文化传承、生态文明等十个主题系列呈现，通过问题导向、概念共享，探寻中华文明生生不息的内在复杂性与合理性，阐释新时代中国经济、法治成就与自信，展望人类命运共同体构建过程中所呈现的新生态体系，为解决全球经济、法治问题提供创新性思路和方案，进一步促进财经政法融合发展、范式更新。本文库的著者有德高望重的学科开拓者、奠基人，有风华正茂的学术带头人和领军人物，亦有崭露头角的青年一代，老中青学者秉持家国情怀，述学立论、建言献策，彰显“中南大”经世济民的学术底蕴和薪火相传的人才体系。放眼未来、走向世界，我们以习近平新时代中国特色社会主义思想为指导，砥砺前行，凝心聚

---

① 习近平：《在哲学社会科学工作座谈会上的讲话》，2016年5月17日。

力推进“双一流”加快建设、特色建设、高质量建设，开创“中南学派”，以中国理论、中国实践引领法学和经济学研究的国际前沿，为世界经济发展、法治建设做出卓越贡献。为此，我们将积极回应社会发展出现的新问题、新趋势，不断推出新的主题系列，以增强文库的开放性和丰富性。

“中南财经政法大学‘双一流’建设文库”的出版工作是一个系统工程，它的推进得到相关学院和出版单位的鼎力支持，学者们精益求精、数易其稿，付出极大辛劳。在此，我们向所有作者以及参与编纂工作的同志们致以诚挚的谢意！

因时间所囿，不妥之处还恳请广大读者和同行包涵、指正！

中南财经政法大学校长

序 言

民营公司参股银行历史由来已久。1994 年 7 月 28 日中国人民银行发布的《关于向金融机构投资入股的暂行规定》指出，除外资企业和中外合资企业以外，工商企业在满足一定条件情况下也可以向金融机构投资，其中并未限制民营公司参股银行。1995 年 7 月 1 日实施的《中华人民共和国商业银行法》也未禁止民营企业参股商业银行。2010 年 5 月 7 日，《国务院关于鼓励和引导民间投资健康发展的若干规定》则明确指出，支持民营资本参与商业银行增资扩股，参与农村信用社和城市信用社的改制。2013 年 7 月 5 日，国务院办公厅发布了《关于金融支持经济结构调整和转型升级的指导意见》，明确鼓励民间资本投资入股金融机构和参与金融机构重组改造。2014 年 7 月 25 日，时任银监会主席尚福林透露，银监会已正式批准三家民营银行的筹建申请，标志着民营资本入股商业银行的“机构准入”障碍被彻底扫清。据本书统计，截至 2013 年底，共有 122 家民营上市公司参股银行（以参股比例超过 1% 为准），其中既包含股份制商业银行、城市商业银行和城市信用社等大型银行，也包含农村商业银行、农村合作银行、农村信用社和村镇银行等小型银行。可见，民营企业参股银行现象已较为普遍。

民营企业参股银行的现象虽已较为普遍，但相关研究却十分匮乏。Lu，Zhu and Zhang（2012）发现，民营公司面临“信贷歧视”问题，其更倾向于通过参股银行缓解公司融资约束，且参股银行的民营公司融资成本更低，现金持有更少，当货币政策从紧时依然能获得更多短期借款，经营绩效也更好。陈栋和陈运森（2012）还发现，参股银行公司的现金持有水平更低，现金调整更平缓，且当货币政策更紧时，参股银行公司会通过经营活动和筹资活动调整现金持有，并保持较高的资本支出。不难发现，已有研究多基于缓解公司融资约束的视角，强调公司参股银行的积极作用。

本书认为，公司参股银行虽可帮助公司获得更多银行借款，缓解公司融资约束，但参股银行公司获得的银行借款与未参股银行公司获得的银行借款存在本质差异。对于未参股银行公司获得的银行借款，公司获得借款即意味着其通过了银行的贷款审批程序，即银行发挥了对公司的信息筛选作用（Allen，1990）；公司获得借款后，银行还会通过债务契约条款来约束公司管理层的自利行为，一旦公司发生债务违约，银行还会接管公司，进一步发挥其对公司的监督作用（Smith and Warner，1979）。可见，银行通过事前的信息筛选和事后的积极监督减少了公司的逆向选择和道德风险，从而发挥了其作为债权人的公司治理作用。与此相比，对于参股银行公司获得的银行借款，由于公司和银行之间并不独立，公司可以利用股东权力向所持银行施压，左右银行贷款决策，导致参股银行公司获得的银行借款既不能发挥事前的信息筛选作用，也不能发挥事后的积极监督作用，其可能会对公司产生负面的经济后果。

基于银行拥有信息优势，已有大量文献指出，银行可以发挥积极的公司治理作用。作为金融市场的重要金融中介，银行普遍被认为在信息搜集和信息生产方面具有规模经济和比较优势（Leland and Pyle，1977；Diamond，1984），导致其既可以通过事前的信息筛选确定潜在优质客户（Allen，1990），也可以通过事后的积极监督确保公司正确投资（Diamond，1984），即银行可以利用自身的信息优势来减少公司的逆向选择和道德风险，以发挥其对公司的治理作用。James（1987）也发现，公司宣告获得银行借款时的超额回报显著为正，而宣告通过定向增发和债券融资偿还银行借款时的超额回报则显著为负。可见，银行可以凭借其信息优势地位发挥积极的公司治理作用，并对公司价值产生正面影响。

本书认为，银行及银行借款能够发挥公司治理作用的前提是债务契约具有硬约束。如图1所示，当公司与银行之间相互独立时，银行债务契约具有硬约束。具体地，申请贷款时，公司需要向银行提供财务报表等信息以便于银行对其进行信息筛选，银行的信息筛选机制使其将有限的资金贷给高质量的公司，即银行严格的审核机制会减少公司的逆向选择行为（Allen，1990）；获得贷款后，银行债务契约还要求公司按时还本付息，导致管理层可控的自由现金流大大降低（Jensen，1986），而且，一旦公司发生债务违约，债务契约还赋予债权人接管公司的权利（Smith and Warner，1979），从而减少了公司的道德风险问题。

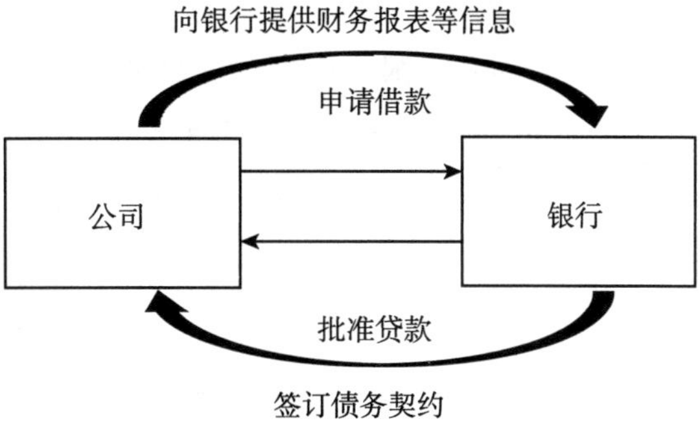

图1　公司与银行间的资金流和信息流

当公司参股银行时，银行债务契约的硬约束会大大降低。一方面，参股银行后，公司会借助其股东权力向所持银行施压，左右银行贷款决策，导致银行在审批贷款时所执行标准大大降低，使公司获得更多银行借款（Laeven，2001；Charumilind，Kali and Wiwattanakantang，2006；La Porta，Lopez - De - Silanes and Zamarripa，2003），即银行不能在事前发挥有效的信息筛选作用，造成公司产生严重的逆向选择问题；另一方面，参股银行后，公司相对银行的谈判能力增强，导致公司的银行债务契约条款更为宽松，较松的债务契约对公司管理层自利行为的约束减少，甚至当公司出现经营困难而无法按期偿还借款时，银行也会对贷款进行展期，即银行不能在事后进行积极监督，造成公司产生严重的道德风险问题。可见，当公司参股银行时，银行债务契约对公司的约束实际是软的，导致银行无法发挥积极的公司治理作用。

民营公司参股银行导致银行债务契约“软约束”的问题与Kornai（1979，1980）提出的“预算软约束”理论十分相像。他们指出，在苏联和东欧等社会主义经济体制中，公司大都被政府控制，当公司出现经营困难而无法按期还本付息时，政府就会对其进行救助，即公司存在“软预算约束”。当公司预期到其发生财务困境时就会被救助，管理层也就不会努力去提升公司业绩，从而放任公司陷入困境。田利辉（2005a）发现，当国有公司和国有银行拥有共同的国家所有权时，其诱发的“预算软约束”问题导致债务融资不能发挥公司治理作用。

现实中不乏民营公司参股银行后，银行治理作用下降的案例。作为我国首家民营银行，民生银行的主要股东在2006年从民生银行获得了高达42.38亿元的关联贷款。其中，卢志强控制的泛海控股获得33.86亿元贷款，张宏伟控制的东方集团获得3.5亿元贷款，第一大股东新希望集团刘永好的兄弟刘永行控制的公司获得2.4亿元贷款。可见，参股银行可以帮助公司获得更多银行借款。然而，关联股东获得的银行借款在信贷审批方面存在诸多可疑之处。2007年1月5日，民生银行公告称：光彩置业（卢志强控制的泛海控股的子公司）以光彩国际公寓1.49万平方米的房产作抵押，获得3.5亿元的重组贷款。该笔借款存在三大疑点：其一，公告中披露，光彩国际公寓销售均价为1.6万元，即所抵押房产的价值仅为2.4亿元，按银行通常采用的60%抵押率计算，该抵押物仅能获得1.44亿元贷款，远超光彩置业实际获得的3.5亿元贷款；其二，公告中披露，2006年6月底，光彩置业总资产为9.05亿元，净资产为1.24亿元，净利润仅有474万元，资产负债率高达86.3%。公司获得该笔贷款后，资产负债率达到90.1%，一年贷款利息为2356万元，公司将直接陷入亏损；其三，《商业银行与内部人和股东关联交易管理办法》规定："商业银行的一笔关联交易被否决后，在六个月内不得就同一内容的关联交易进行审议"。该笔贷款方案于2006年10月提出被否后，三个月后即被重新审议并获批①。可见，公司参股银行后，银行在审批公司贷款时的信息筛选激励大大降低，导致银行难以发挥有效的债权人治理作用。

基于上述分析，本书认为，当公司参股银行时，公司的银行债务契约实际是"软约束"的，导致银行的事前筛选和事后监督作用下降，使其难以发挥债权人的公司治理作用。由此，本书研究公司参股银行对公司可能产生的负面经济后果。具体地，本书将从以下几个方面展开分析：第一，考虑到公司参股银行会弱化债权人的公司治理激励，本书论证并检验公司参股银行与管理层薪酬业绩敏感性的关系；第二，本书从公司会计稳健性、盈余持续性、公司会计业绩和公司价值的角度论证并检验公司参股银行的负面经济后果；第三，考虑到不同条件下债权人治理作用存在差异，本书进一步论证并检验公司所持银行股权特征和公司所处外部环境不同时，公司参股银行的经济后果。

基于上述研究动机，结合我国银行业发展的制度背景，本书研究公司参股

① 见2007年3月19日《财经》杂志的专题报道"民生银行42亿元关联贷款曝光"。

银行的经济后果。具体地，本书以2004—2013年的民营上市公司为研究对象，采用倾向性得分法为参股银行公司（以参股比例超过1%为准）寻找配对样本，并依次检验公司参股银行与管理层薪酬业绩敏感性、会计稳健性、盈余持续性、会计业绩和公司价值的关系。

本书具体的研究问题和研究发现如下：

第一，考虑到公司参股银行会弱化银行作为债权人的公司治理作用，本书检验公司参股银行与管理层薪酬业绩敏感性的关系。研究发现，与未参股银行公司相比，参股银行公司的管理层薪酬业绩敏感性更低。研究表明，公司参股银行会削弱银行的公司治理作用。

第二，考虑到公司参股银行会弱化银行的公司治理作用，其会对公司产生诸多负面影响，本书依次检验公司参股银行与会计稳健性、盈余持续性、会计业绩和市场价值的关系。研究发现，与未参股银行公司相比，参股银行公司的会计稳健性、盈余持续性、会计业绩和市场价值均更低。研究表明，公司参股银行弱化了银行作为债权人的公司治理作用，其会对公司造成一系列负面影响。

第三，考虑到当公司更易于或更倾向于对所参股银行施压时，银行的公司治理作用更弱，公司参股银行会对公司产生更严重的负面影响，本书分别从公司所持银行股权特征（参股银行比例、参股大小银行）及公司所处外部环境（地区市场化水平、地区银行业竞争程度、地区不良贷款率水平）分组检验参股银行对公司上述经济后果的影响。

为证明参股银行比例较高的公司负面影响更严重，本书比较参股银行比例不同的公司与未参股银行公司的管理层薪酬业绩敏感性、会计稳健性、盈余持续性、会计业绩和市场价值的差异。研究发现，与未参股银行公司相比，参股银行比例较高的公司，其管理层薪酬业绩敏感性、会计稳健性、盈余持续性、会计业绩和市场价值均更差。研究表明，公司参股银行的比例越高，对银行的控制能力越强，相应地，银行对公司的治理作用就减弱，从而对公司产生一系列负面影响。

为证明参股小银行的公司负面影响更严重，本书比较参股大银行和参股小银行的公司与未参股银行公司的管理层薪酬业绩敏感性、会计稳健性、盈余持续性、会计业绩和市场价值的差异。研究发现，与未参股银行公司相比，参股小银行的公司其管理层薪酬业绩敏感性、会计稳健性、盈余持续性、会计业绩和市场价值均更差，参股大银行的公司则没有显著更差。研究表明，相对于大银行，公司更易对小银行产生影响，导致小银行对公司的治理作用下降，从而对公司产生一系列负面影响。

为证明处于市场化水平较低地区的公司参股银行时，其负面影响更严重，本书将样本按公司所处地区的市场化水平中位数分组，并分别检验地区市场化水平高低时公司参股银行与管理层薪酬业绩敏感性、会计稳健性、盈余持续性、会计业绩和市场价值的关系。研究发现，处于市场化水平较低地区的公司参股银行时，其管理层薪酬业绩敏感性、会计稳健性、盈余持续性、会计业绩和市场价值均显著更差；处于市场化水平较高地区的公司参股银行时，其管理层薪酬业绩敏感性、会计稳健性、盈余持续性、会计业绩和市场价值并未显著更差。研究表明，地区的市场化水平越低，参股银行公司更易干预所持银行的信贷资源配置，导致银行作为债权人的公司治理作用更弱，其会对公司产生一系列负面影响。

为证明处于银行业竞争程度较弱地区的公司参股银行时，其负面影响更严重，本书将样本按公司所处地区的银行业竞争程度中位数分组，并分别检验地区银行业竞争程度高低时公司参股银行与管理层薪酬业绩敏感性、会计稳健性、盈余持续性、会计业绩和市场价值的关系。研究发现，处于银行业竞争程度较低地区的公司参股银行时，其管理层薪酬业绩敏感性、会计稳健性、盈余持续性、会计业绩和市场价值均显著更差；处于银行业竞争程度较高地区的公司参股银行时，其管理层薪酬业绩敏感性、会计稳健性、盈余持续性、会计业绩和市场价值并未显著更差。研究表明，地区的银行业竞争程度越低，参股银行公司越倾向于干预所持银行的信贷资源配置，导致银行对公司的治理作用下降，其会对公司产生一系列负面影响。

为证明处于不良贷款率较高地区的公司参股银行时，其负面影响更严重，本书将样本按公司所处地区的不良贷款率中位数分组，并分别检验地区不良贷款率高低时公司参股银行与管理层薪酬业绩敏感性、会计稳健性、盈余持续性、会计业绩和市场价值的关系。研究发现，处于不良贷款率较高地区的公司参股银行时，其管理层薪酬业绩敏感性、会计稳健性、盈余持续性、会计业绩和公司价值均显著更差；处于不良贷款率较低地区的公司参股银行时，其管理层薪酬业绩敏感性、会计稳健性、盈余持续性、会计业绩和公司价值并未显著更差。

研究表明，地区的不良贷款率越高，参股银行公司更倾向于干预所持银行的信贷资源配置，导致银行作为债权人的公司治理作用更弱，其会对公司产生一系列负面影响。

第四，为进一步证明上述结论的可靠性，本书还做了一系列稳健性检验。稳健性检验结论与上述结果保持一致。

本书的研究从以下四个方面丰富了已有相关理论：

第一，本书为公司参股银行经济后果的相关研究做出了重要补充。已有研究多从缓解公司融资约束视角展开分析，强调参股银行的积极影响。Lu，Zhu and Zhang（2012）指出，民营企业面临“信贷歧视”，其更偏好通过参股银行缓解融资约束，且参股银行的民营企业融资成本更低，现金持有更少，经营绩效也更好。陈栋和陈运森（2012）也发现，参股银行的公司现金持有水平更低，现金调整更平缓，且当货币政策更紧时，参股银行的公司会通过经营活动和筹资活动调整现金持有，并保持较高的资本支出。与已有研究不同，本书认为，参股银行虽可缓解公司融资约束，但也会削弱银行作为债权人的治理作用，且公司话语权越大，银行治理作用越弱，对公司产生的负面影响也越严重。由此，本书强调，分析公司参股银行的经济后果不应仅关注其缓解公司融资约束方面的积极作用，更应关注其弱化银行治理方面的消极作用。具体地，本书发现，公司参股银行会弱化银行的公司治理作用，并对公司产生一系列负面影响，该结论在公司更易向所持银行施压时更为显著。

第二，本书发展了银行作为债权人的公司治理作用相关研究。已有大量文献指出，银行在信息搜集和信息生产方面具有规模经济和比较优势（Leland and Pyle，1977；Diamond，1984），其不仅可以在贷款发放前通过信息筛选确定潜在优质客户（Allen，1990），也可以在贷款发放后通过积极监督确保公司进行正确投资（Diamond，1984），即银行会通过减少公司的逆向选择和道德风险以发挥其公司治理作用。Fama（1985）指出，相比于其他贷款人，银行可以通过委派董事或在借贷过程中监督公司以获取公司的私有信息，使银行贷款向其他投资者传递公司高质量的信号，因此，银行是显著区别于其他非银行金融机构的独特金融中介。Rajan（1992）也指出，与公司债券由众多投资者持有不同，银行集中持有银行贷款会强化银行对债务人的监督。然而，已有文献较少关注银行发挥治理作用的前提。本书强调，银行能够发挥公司治理作用的前提是债务契约具有硬约束。当公司参股银行时，公司可以利用其股东权力向所持银行施压，导致公司的银行债务契约实际是“软约束”的，银行贷款对公司的治理作用会随之下降。由此，本书认为，公司参股银行会妨碍银行治理作用的正常发挥，其会对公司产生一系列负面影响。

第三，本书丰富了债权人治理作用与会计稳健性的相关研究。已有研究多基于债务契约有效性角度，通过违约条款触发可能性、债权人代理问题两个途径，论证债权人对公司会计稳健性的需求，即债权人发挥的积极公司治理作用。Watts（2003）指出，债权人存在保障其债务契约价值的激励，其往往要求公司采用稳健的会计政策。会计政策稳健时，一方面，公司净利润较低，触发违约条款可能性较高（Ball，Bushman and Vasvari，2008；Nikolaev，2010；Tan，2013）；另一方面，债权人与管理层、债权人与股东之间的代理冲突较弱（Ahmed，Billings，Morton and Stanford - Harris，2002；Peek，Cuijpers and Buijink，2010；Jayaraman and Shivakumar，2013；Haw，Lee and Lee，2014），债权人更易发挥监督作用。与此同时，部分文献（Martin and Roychowdhury，2015）从债权人自身监督激励弱化视角论证其治理作用的下降，而较少关注债权人被动放弃监督权时，公司会计稳健性的变化。与已有研究不同，本书强调，当公司成为银行股东时，其会通过向银行施压，迫使银行弱化事前筛选及事后监督，减少对公司会计稳健性的要求。具体地，本书发现，公司参股银行会导致公司会计稳健性降低。

第四，本书还拓展了债权人治理作用与公司盈余持续性的相关研究。已有研究多关注债权人治理的积极后果。Bushman and Wittenberg - Moerman（2012）认为，银团贷款主贷方声誉可以表征银行事前审批及事后监督作用，进而影响公司盈余持续性。他们发现，主贷方声誉越高，公司盈余持续性越好，公司基本面和应计与现金流的相关性越高。基于信息不对称理论、代理理论，本书强调，公司参股银行会弱化银行事前筛选及事后监督，加剧公司逆向选择及道德风险，使得公司难以在长时间内维持较高盈利能力。具体地，本书发现，公司参股银行会导致公司盈余持续性变差。

本书研究结论还具有重要的现实意义：

第一，本书研究结论警示监管层应完善公司参股银行的相关政策及法规，加强对民营公司关联贷款的监管。近年来，我国政府不断出台政策法规支持民营公司参股已有银行，2013年更是允许民营公司直接发起设立银行，实现了民营资本入股银行的“资本准入”到“机构准入”的跨越。与此同时，法规对商业银行和关联股东的关联贷款有一定限制①，如要求成立关联交易控制委员会以加强对关联交易的审查和批准、限制关联贷款规模、在财务报表附注中披露关联方和关联交易等。然而，本书研究发现，民营公司参股银行会削弱银行作为债权人的治理作用，对公司产生一系列负面影响。由此，本书强调，监管层应加强对民营公司参股银行的监管，特别是对关联贷款行为的监督，以减少银行治理作用下降带来的负面效应。

第二，本书研究结论还为我国银行改革的实践指明了方向。本书研究虽发现民营公司参股银行会弱化银行的公司治理作用，并对公司产生一系列负面影响，但上述结论主要见诸参股银行比例较高、参股小银行或处于市场化水平较低、银行业竞争程度较弱、不良贷款率较高地区的民营公司。换言之，在银行内部治理体系十分规范、地区外部市场环境较好时，银行并不会受制于股东，其仍能有效发挥公司治理作用。有鉴于此，本书认为，银行改革的重点在于，监管层应通过规范银行内部治理机制、提高信贷资源配置的市场化水平和竞争激烈程度，以强化银行对公司的治理作用。

本书包含以下六个部分：

第一部分为序言。详细论述了本书的研究思路。该部分先介绍了本书的研究背景和研究动机，并进一步总结了本书的研究问题和研究发现，最后总结了本书的研究贡献和政策意义。

第二部分为对现有文献的回顾。该部分论证了本书的理论基础。首先，论述了债权人公司治理作用的相关研究，主要包含债务融资和银行贷款公司治理作用的相关文献，以及我国银行公司治理作用的相关研究；其次，依次回顾了债权人治理作用与公司会计稳健性、公司盈余持续性和公司价值的相关研究；最后，还回顾了公司参股银行经济后果的已有文献。

第三部分为制度背景。该部分内容是本书研究的制度基础。第一，通过介绍我国银行业改革的成果分析了我国银行业的整体治理环境；第二，指出了我国银行业治理中存在的两个问题；第三，对“两康”事件中的银行治理问题进

① 中国银监会2004年4月2日发布的《商业银行与内部人和股东关联交易管理办法》。

行了分析；第四，对民营公司参股银行的历程进行了简要回顾；第五，还对比了不同国家公司参股银行法规的差异。

第四部分从理论上分析了民营企业参股银行的经济后果。该章节为后续实证分析提供了理论指导。基于债权人治理弱化的视角，该章节指出，公司参股银行会导致公司的银行债务契约实际是“软约束”的，造成银行作为债权人无法有效发挥其公司治理作用。基于此，该章节从三个方面论述本书的研究命题：首先，从参股银行导致债权人治理弱化的视角分析参股银行导致公司产生负面经济后果的原因；其次，从公司会计稳健性、盈余持续性和公司价值的角度分别论述参股银行的负面经济后果；最后，本书进一步分析不同条件下（公司所持银行股权特征和公司所处外部环境）债权人治理作用的差异，并研究该差异对公司参股银行经济后果的影响。

第五部分为实证发现和分析。第一，以2004—2013年的民营上市公司为样本，采用倾向性得分法为参股银行公司（以参股比例超过1%为准）寻找配对样本，以克服参股银行公司的内生性问题；第二，检验公司参股银行与公司管理层薪酬业绩敏感性，以证明公司参股银行会导致银行治理作用下降；第三，分别检验了公司参股银行对公司会计稳健性、盈余持续性和公司价值的影响，以证明公司参股银行会对公司产生负面经济后果；第四，从公司所持银行股权特征（参股银行比例高低、参股大小银行）及公司所处外部环境（地区市场化水平、地区银行业竞争程度、地区不良贷款率水平）视角分组检验了公司参股银行与公司管理层薪酬业绩敏感性、会计稳健性、盈余持续性和公司价值的关系；第五，还做了一系列稳健性检验，进一步支持了该章节的主要研究结论。

第六部分为本书结论。该部分先总结了全文研究发现，并基于此提出了本书的研究贡献和政策建议，进一步地，该章节还指出了本书的研究局限及未来研究方向。

本书框架如图2所示。

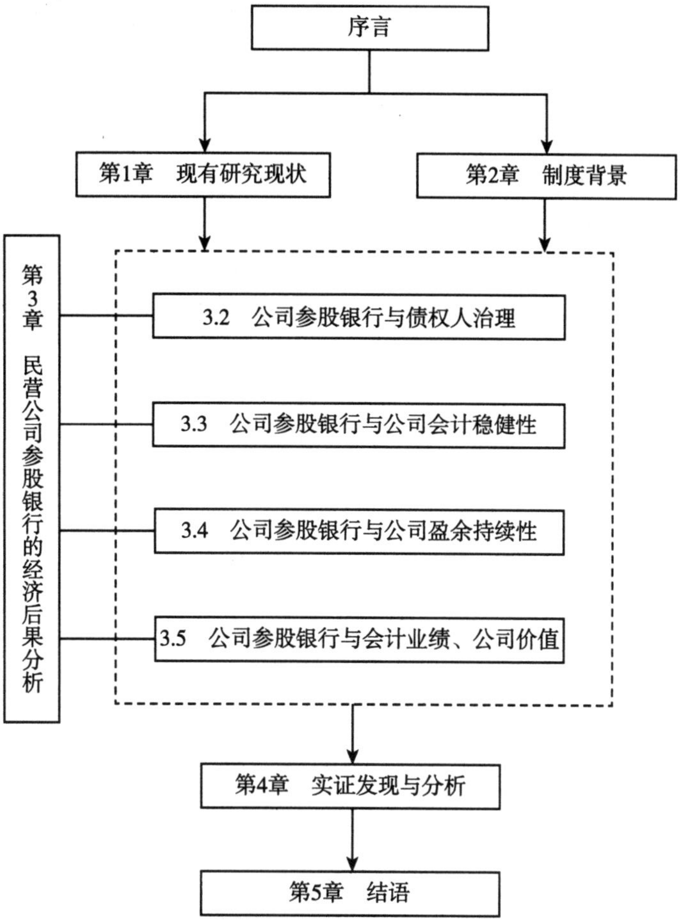
序言
第1章　现有研究现状
第2章　制度背景
第3章　民营公司参股银行的经济后果分析
3.2　公司参股银行与债权人治理
3.3　公司参股银行与公司会计稳健性
3.4　公司参股银行与公司盈余持续性
3.5　公司参股银行与会计业绩、公司价值
第4章　实证发现与分析
第5章　结语

图2　本书框架图

目 录

第 1 章　现有研究现状

1.1　债权人治理问题研究

1.1.1　债务融资的公司治理作用研究

债务融资自身会产生代理成本。Jensen and Meckling（1976）认为，公司所有权和经营权的分离使管理层会基于自身利益最大化，而非公司利益最大化做出经营决策。因此，公司的外部融资——股权融资和债务融资，均会产生代理成本。具体地，股权融资和债务融资的代理成本不仅包括公司管理层的在职消费、帝国建设等，还包括为解决管理层和股东、债权人之间利益冲突的契约成本，如管理层自愿向利益相关者披露公司财务报表，并雇佣独立审计师事务所对报表进行审计的成本。Myers（1977）从债务融资导致股东投资决策非最优化的角度分析了债务融资的代理成本。他认为，公司的现有资产，特别是其成长机会，可以被看作看涨期权，但该实物期权的价值取决于公司未来的投资安排。当公司存在债务融资时，公司股东会按照股东利益最大化，而非股东和债权人的利益最大化做出投资决策，因此，债务融资会使公司拒绝那些可以增加公司价值但预期收益更多归属于债权人的投资项目，导致公司投资不足，公司价值下降。

与上述研究关注债务融资自身的代理成本不同，已有研究还基于信息不对称理论和代理理论研究债务融资的公司治理作用。基于信息不对称理论，已有研究指出，债务融资可以借助债务契约安排对公司进行事前筛选和事后监督，以缓解债权人与公司的信息不对称，发挥债务融资的公司治理作用。Myers and Msjluf（1984）认为，相对于外部投资者，管理层作为内部人拥有更多的私有信息，其导致外部融资成本较高。若公司选择发行更安全的证券——证券价格与管理层掌握的私有信息敏感性较低的证券，则可以降低该逆向选择成本。因此，管理层会选择在发行股票前先发行债券，因为股票估值需要了解公司资产的准确价值及未来的投资机会，而债券估值则只需考虑抵押资产的价值，无需关注公司整体价值。即债务融资与管理层私有信息间的低敏感度使其可以减少公司的逆向选择成本。Harris and Raviv（1990）认为，债务融资具有两方面的信息价值：一方面，在签订债务契约时，为获取贷款，管理层需要向债权人提供相关信息；另一方面，当发生债务违约时，债权人具有改变公司经营策略或进行破产重组的权利，公司管理层还需要与债权人沟通以避免破产清算。债务融资的信息价值缓解了管理层与债权人之间的信息不对称，有助于债权人更好的监督管理层，使其更有效地执行相关经营策略，特别是当发生债务违约时，债权人的监督作用会大大降低管理层的代理成本。Fama（1990）认为，债务契约之所以可以降低契约成本是因为债务契约往往都有可信的专家对其进行监督或担保。具体地，这些专家会通过分析公司财务状况、与管理层沟通、进驻公司董事会等形式对公司违约风险进行评估并监督，以帮助债权人减少信息风险。这里的专家即是金融中介，如银行、保险和信托公司，还有评级机构和审计师等。Heinkel and Zechner（1990）认为，在信息不对称条件下，公司管理层无法准确判断公司未来投资机会的质量，因此，一个仅有权益融资的公司就可能发生过度投资，而债务融资则可以通过缓解公司信息不对称减少公司的过度投资问题。

基于代理理论，已有研究指出，债权人可以借助债务契约条款来监督债务人，从而缓解债权人与公司间的代理冲突。Smith and Warner（1979）总结了债务契约条款的三种类型。第一种债务契约条款会限制公司发放股利或进行股票回购；第二种债务契约条款会限制公司的借款规模，还会限制某些类型债务的发放，比如清偿顺序更高的债务；第三种债务契约条款会限制公司的投资政策，比如明确规定贷款的具体用途，限制贷款去向，限制公司进行并购等。公司一旦触发这些契约条款，银行就有权提前收回贷款。因此，债务契约条款能有效监督公司管理层的在职消费、过度投资及利益侵占问题，从而有效保护债权人，甚至中小投资者的利益。Smith and Warner（1979）总结认为，债务契约条款赋予债权人在公司债务违约时获得公司控制权的权利，其会减少债务人的逆向选择和道德风险问题。Smith and Warner（1979）还指出，债务契约对公司一种行为的限制还会间接限制公司其他行为。比如限制公司支付股利会导致公司将这些资金用于投资净现值为正的项目，从而间接影响公司的投资决策。与此相一致，Myers（1977）和Kalay（1982）也发现，限制股利支付的债务契约能解决公司在面临投资机会时的投资不足问题。其他债务契约，如限制公司债务融资总额会避免公司出现更高的财务杠杆，间接约束了公司的过度投资行为。Grossman and Hart（1982）认为，债务融资使管理层面临还本付息压力，一旦公司发生债务违约，则可能陷入破产清算。由于管理层得到的薪金、在职消费及权力声望都与其职位相关，因此债务融资伴随的破产威胁实际上会激励管理层努力工作，使管理层和股东的利益更加一致，最终降低了管理层与股东之间的代理成本。进一步地，一旦公司发生债务违约，债权人有权及时接管公司，可以避免管理层进一步耗空公司资源，为中小投资者保留一部分剩余价值，即债务融资还可以缓解大股东与中小股东之间的代理冲突。Jensen（1986）从债务融资可以减少管理层可控的自由现金流[①]视角分析了债务融资降低管理层代理成本的作用。他认为，由于外部股东和管理层之间存在信息不对称，管理层为追求自身利益最大化，宁愿将自由现金流投入到低收益项目，也不愿将其分配给股东，从而产生了自由现金流的代理成本。进一步地，他认为，尽管支付股利可以减少管理层的可控资源，使公司外部融资代理成本降低（Rozeff，1982；Easterbrook，1984），但债务融资才真正发挥了降低外部融资代理成本的作用。其原因在于，当公司存在大量自由现金流时，管理层可以通过支付股利或股票回购等方式减少自由现金流，但其不会影响管理层继续享有公司未来的自由现金流，即自由现金流的代理成本不会永久减少。同时，鉴于管理层可以随时改变公司的现金股利政策，管理层永久性增加现金股利水平的承诺也可能是无效的。与此不同，债务融资要求管理层必须在未来年度支付既定的本金和利息，确定地减少管理层未来可控的自由现金流，降低自由现金流的代理成本，如管理层在职消费、帝国建设和管理层懈怠等。换言之，债务融资通过确定地减少管理层可控的自由现金流而避免企业盲目扩张，降低了管理层代理成本，提高公司价值。Stulz（1990）分析了债务融资通过影响公司投资决策而提高公司价值的内在机理。他认为，当公司不存在债务融资时，管理层既可能会通过过度投资攫取私有收益，也可能会为保留管理职位而投资不足，两者均会对公司价值产生负面影响。而当公司存在债务融资时，债务融资既可能通过破产清算和减少自

① 自由现金流是公司持有的超过所有净现值为正的投资项目需要的现金之外的部分。

由现金流等途径约束管理层的过度投资，还可能因其还本付息压力来激励管理层找寻更有价值的投资项目，缓解投资不足。Bolton and Scharfstein（1990）认为，一旦公司发生债务违约，债权人有权使公司退出资本市场，并终止未来的融资可能。Gilson（1990）发现，美国公司破产或债务重组后，只有46%的董事会留任，公司股权会更加集中，内部人持股会减少，即公司债务违约会显著改变公司的所有权结构及管理层的可控资源。Aghion and Bolton（1992）认为，相比于VC股权融资、可转换证券等，债务融资是唯一可使公司控制权处于或有状态的融资方式，因为公司股东能否保留控制权取决于其能否持续满足债务契约规定的条件。一旦公司不能按时还本付息，公司控制权就会被移交至债权人，并遵循债权人的意见进行重组或清算。Denis and Denis（1993）发现，当公司使用大量债务融资替代股权融资后，公司未分配的现金流、资本支出和总资产都会大大降低，且投资减少越多的公司股东财富增加越多，表明增加的债务融资发挥了限制管理层自由裁量权的作用。Hart and Moore（1995）分析了长期债务在限制管理层投资非盈利项目方面的作用。Rajan and Winton（1995）认为，债务契约条款和抵押担保都可以激励债权人加强对公司的监督。Shleifer and Vishny（1997）指出，债权人为确保顺利收回贷款，会对大股东和管理层可能做出的损害公司价值的行为加以限制，其不仅保护了债权人自身的利益，也保护了小股东的利益。Hart and Moore（1998）证明，在企业家只能攫取项目投资收益，但不能攫取项目资产的条件下，债务融资是有价值的。因为企业家一旦发生债务违约，债权人就有权清算项目资产，此时企业家需要与债权人重新签订债务契约。Billett，King and Mauer（2007）发现，杠杆和成长性越高的公司，债务契约保护条款越多；短期借款占比越高的公司，债务契约保护条款越少；即债务契约条款能发挥保护债权人利益、减少控制股东和债权人利益冲突的作用。

可见，债务融资之所以能够发挥公司治理作用，其原因在于债务融资可以起到缓解信息不对称，同时减少管理层代理成本的作用。具体地，在签订债务契约时，债权人会与管理层进行信息沟通，从而减少了双方的信息不对称水平（Harris and Raviv，1990）；债务融资还需要公司定期还本付息，导致管理层可控的自由现金流大大减少（Jensen，1986）；而且，公司一旦发生债务违约，就可能面临破产清算，债权人也会控制公司，从而减少公司的逆向选择和道德风险问题（Smith and Warner，1979；Grossman and Hart，1982；Aghion and Bolton，1992）。

债务契约的期限结构不同，其公司治理作用也不同。相对长期借款，短期借款更能缓解股东与债权人之间的利益冲突，即短期借款的公司治理效应更强。Barclay and Smith（1995）指出，短期债务融资存在三类契约成本：（1）更多的发行成本；（2）管理层需要频繁处理债务事项诱发的机会成本；（3）潜在的再投资风险和非流动性成本。正是由于短期借款具有上述契约成本，使其能够更好地发挥公司治理作用。Myers（1977）认为，如果债务在公司执行增长期权之前到期，管理层偏离公司价值最大化的动机就会大大降低，即短期债务更有助于缓解债务融资引起的投资不足问题。Diamond（1991a，1993）认为，相比于长期借款，短期借款更可能诱发公司的流动性风险——公司长期有偿债能力但短期较难获得再融资的风险，其会迫使公司在经营出现暂时困难时进行破产清算。因此，只有最高质量或最低质量的公司才会使用短期借款。Rajan（1992）强调，短期借款使银行在贷款续新时掌握更强的议价能力。在极端情况下，使用短期借款还可以使银行在发现公司存在问题时及时收回贷款（Diamond and Rajan，2001）。Childs，Mauer and Ott（2005）发现，由于短期借款对公司价值的变化不敏感，而且短期借款可以频繁的再定价，因此短期借款可以有效缓解过度投资和投资不足问题。Billett，King and Mauer（2007）发现，尽管短期债务较高的流动性风险会导致债务期限较短的公司其财务杠杆也较低（Johnson，2003），但短期债务能减少公司成长机会和财务杠杆之间的负相关关系，即短期债务通过更好地发挥公司治理作用帮助高成长公司缓解了融资难问题。针对中国资本市场，黎凯和叶建芳（2007）发现，中央和地方政府对短期借款基本没有干预，但地方政府会干预银行使地方控股企业获得更多的长期借款。黄乾富和沈红波（2009）发现，短期债务可以抑制公司的过度投资行为。徐昕和沈红波（2010）发现，短期银行借款和长期银行借款均对公司会计稳健性有积极影响，且短期银行借款的监督作用大于长期银行借款。

债务融资公司治理效应的发挥与国家层面是否具备完善的债权人利益保护法律体系息息相关（Shleifer and Vishny，1997）。债权人法律保护较强的国家，如日本和德国，银行的治理作用往往更强，其不仅因为银行作为大股东会进驻公司董事会，影响公司借款决策，还因为银行会借助法律对债权人利益的完善保护对公司实施监督。当国家层面的债权人法律保护较弱时，银行的公司治理作用就十分有限。Djankov，Hart，Mcliesh and Shleifer（2008）发现，平均而言，全球88个国家的债务执行效率是很低的，具体表现在公共部门较差的执行能力与债务契约的形式主义，如无效的担保体系、无效的债权人投票体系、不通畅的诉讼渠道、破产时过多的商业干预等。他们发现，人均收入越高的国家，债务融资的执行效率越高，法国和德国法律体系的国家，债务融资的执行效率较低。Claessens，Djankov and Klapper（2003）针对东亚国家发现，更强的债权人保护和更完善的司法体系能显著增加公司被起诉破产的概率。Giannetti（2003）发现，债权人保护更好的国家，其公司投资无形资产时更易获得银行借款，高风险公司也更易获得长期借款，更注重债权人利益的法律体系有助于公司获得更多借款，且借款期限更长。

1.1.2 银行贷款的公司治理作用研究

在完全无摩擦的资本市场中，只要公司拥有净现值为正的投资项目，就能获得足够的资金支持。但实际上，还是有很多公司因为缺少资金支持而不得不放弃一些有价值的投资项目，即使它们愿意支付更高的利息成本（De Meza and Webb，2000）。Stiglitz and Weiss（1981）指出，当借款方拥有更多关于自身风险水平的私有信息，而贷款方事前却无法判断借款方的风险特征时，银行抬高利率只会使部分低风险公司退出信贷市场，导致信贷市场出现逆向选择问题，此时信贷市场不会自动完全出清，而是出现信贷配给现象①。Bester and Hellwig（1987）进一步指出，银行抬高利率不仅会使公司产生逆向选择问题，即低风险公司会选择退出信贷市场，还会出现道德风险问题，即公司获得借款后会选择投资高风险的项目。公司的道德风险问题也会导致信贷市场出现信贷配给现象。可见，单一的利率价格条款不能完全实现信贷资源的合理配置，银行还需要采取一些非价格条款达成目标。常见的非价格条款包括：借款方特征，如公司规模、财务状况和信用评级等；对借款方的特别要求，如抵押、担保和借款期限等；其他影响因素，如借款方身份、借款方与银行的私人联系等。事实上，银行在搜集和处理上述信息时已经发挥了筛选和监督贷款对象的作用，减少了银行与公司间的信息不对称。基于此，大量研究分析了银行在解决信贷市场信息不对称时的积极作用，即银行会通过搜集信息并做出信贷决策，从而部分地缓解信息不对称，实现信贷资金合理配置的目标。

---

① 信贷配给（*Credit Rationing*）是指在一定的利率条件下，信贷市场的需求大于供给的现象。具体地，银行只会满足一部分人的部分贷款申请，另一部分人即使愿意支付更高利率也得不到贷款。

大量研究指出，信贷市场普遍存在的信息不对称是催生银行等金融中介的主要原因。Leland and Pyle（1977）指出，贷款人通过支付一定成本可以获得关于借款人质量的相关信息，同时，信息搜集还存在规模经济效应，因此，每个贷款人都希望有一个第三方中介机构能为其搜集信息并将信息出售给自己。然而，这样的第三方中介机构存在两个问题，一方面，由于信息具有公共品属性，信息购买方在获得信息后存在道德风险问题，即他们可能将信息转售给其他贷款人，导致第三方中介机构只能获得部分信息需求方的收益；另一方面，由于第三方中介机构和信息需求方之间也存在信息不对称，信息需求方就不能完全确定信息质量的高低，从而产生 Akerlof（1970）提出的柠檬市场现象。然而，若信息需求方自己成为中介去搜集信息，上述问题就会迎刃而解。银行就是这样一类集受托存款、信息收集和贷款发放为一体的金融中介机构。Diamond（1984）的理论模型指出，银行作为众多存款人的受托者，会代表全体存款人直接搜集借款人信息，这不仅会避免单个存款人自己监督时重复支出的监督成本，大大降低债权人对债务人的总监督成本，还会避免存款人各自监督时的搭便车行为，强化债权人对债务人的监督激励。Boyd and Prescott（1986）的理论模型证明，当公司拥有关于自身投资机会的私有信息时，银行等金融中介就必然产生，因为金融中介在信息生产方面具有规模经济和比较优势。Boyd and Prescott（1986）还得到了均衡状态下金融中介的三个特点：（1）金融中介从大量客户中借钱，并将其贷给其他大量客户，即金融中介资产负债表的两端都是极度分散化的；（2）由于贷款客户拥有更多关于自身风险水平的私有信息，金融中介就需要花费成本去获取贷款客户的私有信息，并据此分配贷款并设定契约条款；（3）与金融机构向借款客户提供较为固定的支付类型不同，金融机构向贷款客户提供不同的或有支付方式。

作为金融市场的重要金融中介，银行普遍被认为具有更强的信息优势，其导致银行贷款契约显著不同于其他类型的债务契约。Fama（1985）率先意识到银行是不同于其他非银行金融机构的独特金融中介。他认为，由于银行存款需要向中央银行支付准备金，而商业票据和银行承兑汇票则不需要，即银行存款比其他金融工具的成本更高。因此，银行只能要求借款方支付更高的利率，同时也要求银行也必须能激励借款方愿意支付更高的利率，否则其他非银行金融机构就可以通过索取更低的利率将所有银行客户吸引走。换言之，公司之所以愿意向银行支付更高的利息获取贷款，银行必然有其独特之处。Fama（1985）

提出了两个理由：首先，相对于其他贷款人，银行实际上是内部贷款人，其可以通过占据董事会席位或在借贷过程中监督公司以获取公司的私有信息，使银行获得更强的信息优势，从而更好地筛选和监督贷款对象。其次，由于银行贷款在公司破产时的偿还顺序更靠后，因此，公司获得银行贷款实际上向其他资金提供者传递了公司高质量的信号，导致公司其他资金来源的借款成本也降低。Berlin and Loeys（1988）对比了两种类型的债务契约，一种债务契约通过契约条款约束公司，另一种债务契约借助专家监督公司，前者类似于债券，后者类似于银行借款。他们的理论模型发现，若债务契约基于公司有噪音的财务指标设置条款，债务契约要么太严格以至于很多高质量项目也会被清算，要么太宽松以至于很多低质量项目被实施；若雇佣金融中介监督债务实施，则能大大提高债务执行效率，尽管该监督行为需要支付一定的成本。因此，公司的最优债务融资策略是在刚性债券条款引发的无效性和雇佣金融中介的代理成本之间权衡的结果。具体地，公司的债务融资策略会依赖于公司的信用评级，财务指标的准确性，项目过早清算带来的损失及契约监督成本等。Diamond（1991b）研究了公司在银行借款和债券市场募资之间选择的问题，发现公司在设立初期会选择从银行借款，以希望借助银行的监督作用建立公司声誉，而后则会依赖公司声誉直接从公开市场募集资金。Rajan（1992）指出，与公司债券由众多投资者持有不同，银行贷款由银行集中持有会强化银行对债务人的监督。Amihud，Garbade and Kahan（1999）也指出，与银行借款相比，公司债券的持有人众多且不固定，其不太可能对债务人进行监督。Gertner and Scharfstein（1991）和 Bolton and Scharfstein（1996）指出，如果借款人发生违约的债务由大量债权人持有，公司债务重组的难度就会大大增加，借款人可能会被迫接受破产清算。银行借款由银行集中持有，公司与银行达成债务重组的难度往往较低。债券持有人过度分散及债务重组难度较高可能解释了为何只有一些发达国家经常使用公司债券，且公司债券规模也少于银行贷款的现象（Mayer，1990）。

银行作为独特的金融中介所发挥的信息筛选和积极监督职能实际上也起到了对公司的治理作用。贷款发放前，银行会通过信息筛选确定潜在优质客户（Allen，1990；Diamond，1991b）；贷款发放后，银行会以停止贷款相威胁，确保公司进行正确投资（Diamond，1984）。即银行会通过减少公司事前的逆向选择和事后的道德风险以发挥其公司治理作用。

一方面，在向公司提供贷款前，银行会通过搜集公开的财务信息和其他非公开信息并加以判断，以确定借款人的综合资质，从而强化银行对公司贷款申请的事前审核。Abdel - Khalik（1973）发现，银行信贷员非常关注公司的财务状况，比如现金流、负债率、应收账款周转率、获利能力及销售增长率等指标。Zimmer（1980）发现，银行信贷员会运用财务比率的时间变化分析公司陷入财务困境的可能性。Chung，Ghicas and Pastena（1993）发现，银行信贷员会通过使用历史成本、专有资产和净现金流现值等会计信息来确定公司的信用额度和抵押资产。针对中国上市公司，饶艳超和胡奕明（2005）通过问卷调查发现，银行信贷员对三张财务报表的信息比较关注，特别是资产负债表中的货币资金、应收账款、固定资产、长短期借款、实收资本等科目，利润表中的主营业务收入和利润，以及现金流量表中的经营活动现金流量、长期投资等科目。此外，银行信贷人员还对财务报表附注中的收入说明、关联方关系以及非财务信息中的公司诚信、抵押、保证人等信息十分关注。总之，在向公司批准贷款前，银行信贷员会通过分析公司的公开信息和非公开信息以确定借款人的综合资质。

另一方面，在与公司签订债务契约时，银行还会通过制定各种类型的契约条款以实现对公司的有效监督。Smith and Warner（1979）总结认为，债务契约条款赋予债权人在公司债务违约时获得公司控制权的权利，其会减少债务人的逆向选择和道德风险问题。Gilson（1990）发现，美国公司破产或债务重组后，银行会变成主要股东或任命新的董事，只有46%的原有董事会留任，且留任董事的持股也会显著减少。公司股权会更加集中，内部人持股会减少。研究表明，公司债务违约会显著改变公司的所有权结构及资源配置。Allen，Saunders and Udell（1991）发现，银行可以通过信贷契约安排或提供其他金融服务获取关于借款公司的私有信息，并长期监督公司的经营活动和财务表现。Shleifer and Vishny（1997）总结前人研究认为，银行作为大债权人，实际上发挥了类似于大股东或控制权市场中投资者执行其权利的作用。债权人权利主要体现在两方面，一方面，债务契约赋予债权人在公司债务违约时获得公司控制权的权利，其会减少债务人的逆向选择和道德风险问题；另一方面，债权人往往会通过发放短期借款使公司必须以较短周期经常偿还贷款。大债权人的或有控制权和现金流量权使其有能力干预公司的主要经营决策，发挥债权人的公司治理作用。

综上，银行可以通过事前的信息筛选和事后的积极监督以发挥其公司治理作用。

银行的公司治理作用还体现在其能够对不同风险特征的公司贷款进行合理

定价。Chen and Wei（1993）发现，银行更可能为低杠杆和低破产风险的公司提供违约豁免。Blackwell，Noland and Winters（1998）发现，高风险的公司借款利率显著更高，而经会计师事务所审计的公司借款利率显著更低。Francis，Lafond，Olsson and Schipper（2005）发现，盈余质量越差的公司，债务融资成本越高。Bharath，Sunder and Sunder（2008）发现，盈余质量越差的公司，更倾向于从银行借款而非发行公司债融资，但银行借款面临着更严格的价格条款（借款利率）和非价格条款（借款期限和抵押条件）。

1.1.3 我国银行的公司治理作用研究

在国有银行股份制改革之前，国有银行的“预算软约束”使其不能发挥严格的审核和监督作用。Kornai（1979，1980）就曾尖锐地指出，在诸如苏联和东欧等社会主义经济体制中，由于企业大都被政府控制，当企业因经营困难而无法按期还本付息时，政府就会对其进行救助，导致企业的预算约束实际是软的。鉴于企业预期到发生财务困境就会被救助，管理层努力改善公司业绩的动机就大大降低，从而放任企业陷入困境。Kornai（1998）又进一步指出，即使在非计划经济机制下，如果政府和企业间存在隶属关系，企业管理层仍然会对政府救助产生预期，导致企业出现预算软约束。Kornai，Maskin and Roland（2003）总结认为，只要经济体中存在这样两类组织，一类组织无法通过正常运营实现财务预算平衡，必须要经过外部干预才能避免破产清算，实现自身生存，另一类组织则为其提供各种资源支持以维持其正常运营，“预算软约束”问题就不可能避免。前一类组织通常是国有企业，后一类组织通常是政府或政府组织。基于“预算软约束”理论，田利辉（2004）利用1994—1998年即1994年三大政策性银行成立后（政策性银行与商业银行的分离），1999年四大资产管理公司成立前（其目的是强化预算约束）的数据发现，当存在“预算软约束”问题时，银行贷款规模的提高并没有导致经理层公款消费和自由现金流的减少，反而导致其增加，即债务融资并没有发挥应有的公司治理作用。田利辉（2005b）进一步将我国的银行体系改革分为三个阶段，即1994—1998年的商业化阶段、1999—2003年的市场化阶段、2004年以后的股份化阶段。在商业化阶段，我国商业银行开始摆脱政府下属职能部门的角色；在市场化阶段，我国商业银行开展了以市场化为核心的全面改革，要求银行控制信贷风险，公平参与市场竞争，自负盈亏，在一定程度上减少了政府干预，但基本上没有触及产权问题；在股份化阶段，国有商业银行改革启动，中国银行和中国建设银行率先成为股份制改革的试点单位（2004年1月6日），银行业改革开始触及产权问题。他利用1994—2003年的数据，发现银行的市场化改革并没有纠正扭曲的银企关系，债务融资的公司治理作用依然没有有效发挥。田利辉（2005a）进一步剖析了债务融资没有发挥公司治理作用的具体原因。他利用1994—1998年的数据发现，公司银行借款规模越大，国有企业管理层的公款消费和自由现金流会增加，导致公司效率和公司价值下降，民营企业则没有上述负面影响。研究表明，当国有企业和国有银行拥有共同的国家所有权时，其诱发的预算软约束问题导致债务融资不能发挥公司治理作用。

在商业银行开始股份制改革之前，我国银行作为债权人所发挥的公司治理作用十分有限。于东智（2003）以1997—2000年的上市公司为研究样本，发现我国上市公司的资本结构存在诸多不合理的特征，债务融资没有表现出治理作用。胡奕明和周伟（2006）认为，银行对公司的监督作用主要体现在对公司经营状况、财务状况以及未来违约或破产可能性的专业判断方面，如果银行发挥了有效的监督作用，银行的贷款决策就应该与公司财务状况间存在合理的相关关系。基于此，利用1999—2002年A股上市公司的样本，他们发现，银行贷款政策（贷款数量、期限与保证方式）与公司财务状况间要么不相关，要么相关但不合理，相关又合理的财务指标总体偏少。可见，银行通过改变贷款政策来传导监督压力的效果是有限的。但胡奕明和谢诗蕾（2005）利用1999—2003年A股上市公司的样本发现，公司短期借款利率与公司负债率、获利能力和其他外部融资能力间有合理的显著相关关系，长期借款利率与公司负债率、流动性、资产周转率间有合理的显著相关关系，公司长短期借款利率还与大股东占款程度呈正相关关系。这些证据表明，银行借款利率反映了公司的财务状况和公司治理状况，银行对借款人起到了一定的监督作用。戴璐和汤谷良（2007）选择2001年起长达4年出现货币资金和短期借款占总资产比重均超过20%的上海科技（600608）和2002年起上述指标也均超过20%的东盛科技（600771）为案例研究对象，发现大股东长期借助债务融资来维系低效率的投资扩张及私有收益，高现金持有也不代表公司真实的偿债能力，反而产生了逆向选择效应。邓莉，张宗益，李宏胜和刘伟（2008）以上市公司的26例要约收购为样本，发现银行贷款越多的公司，其成为要约收购目标的可能性及收购成功的概率均更低，表明债务融资没有通过控制权市场发挥治理作用。黄乾富和沈红波（2009）以1997—2004年206家制造业上市公司为样本，发现债务融资可以抑制公司的过度投资行为，但主要是因商业信用可以约束公司的过度投资行为，而银行借款由于受到政府干预使其约束作用较弱。Bailey，Huang and Yang（2011）以1999—2004年为样本区间，发现公司业绩越差，管理费用越高，越倾向于获得银行贷款，且获得贷款后公司业绩更差；公司银行贷款公告的市场反应也显著为负。可见，银行借款完全没有发挥公司治理作用。

伴随着银行经营效率的不断提高，银行作为金融中介发挥的公司治理作用也逐步增强。沈红波，张春和陈欣（2007）以2005年宣告贷款的上市公司为研究对象，发现公司的自由现金流越高，贷款公告的累计超额收益也越高，表明银行贷款已经具备一定监督效率。胡奕明，林文雄，李思琦和谢诗蕾（2008）利用2000—2005年我国A股上市公司的样本发现，银行借款利率与公司财务状况间存在正向压力传导效应，即公司业绩越好，贷款利率越低，但贷款续新与借款人财务状况之间的关系则相反，即公司业绩越差，获得续贷的可能性反而越高。这些证据表明，我国银行作为大贷款人已经具备一定的监督作用，但主要体现在贷款利率上，贷款续新政策并没有反映出银行的监督作用。李世辉和雷新途（2008）发现，我国中小上市公司的债务对公司显性代理成本具有显著的抑制作用，但对隐性代理成本的抑制作用较弱。吴军和白云霞（2009）发现，1999—2007年间偿债能力较低或亏损的国有企业依然能从银行获得贷款，但2003年之后，该现象大幅减少，表明2003年以来的国有银行股份制改革显著降低了国有企业的“预算软约束”问题。祝继高，陆正飞，张然和叶康涛（2009）构建了一个对冲组合，即买入获得信用借款且借款利率较低的公司，同时卖出获得抵押借款且借款利率较高的公司，发现该组合的超额回报显著为正。研究表明，我国银行贷款行为虽面临政府干预，但银行作为中介机构依然具有信息优势，银行贷款信息有一定的信息含量。江伟（2011）以2000—2006年的上市公司为研究对象，发现银行贷款可以抑制上市公司的过度投资，且银行贷款对民营企业过度投资的抑制作用强于国有企业。孙亮和柳建华（2011）发现，银行在配置信贷资源时会考虑公司的财务绩效和代理成本，而且，银行业改革和地区市场化进程均能促进银行信贷资金的配置效率。简泽（2013）以2002年银行信贷部门的改革作为银行债权治理得以强化的外生冲击，检验银行债权治理对国有企业管理层偏好和绩效的影响。研究发现，银行信贷部门的改革有效约束了国有企业管理层的规模偏好、花费偏好和平静生活偏好，抑制了国有企业的投资饥渴及工资侵蚀利润现象，促进了国有企业技术创新，最终显著改善了国有企业的盈利状况。孙会霞，陈金明和陈运森（2013）基于2004—2011年借款公告数据发现，公司财务业绩越好、代理成本越低、商业信用越高，越容易获得银行借款，但无助于降低公司融资成本。公司维持关系的银行数量越多，也越容易获得银行借款，但也无助于降低公司融资成本。研究表明，2004年银行股份制改革以来，商业银行的信贷配置效率得到改善，但商业银行的信用风险定价能力依然受到利率管制的影响。

综合上述研究可见，随着银行股份制改革的不断推进，银行作为债权人的公司治理作用逐渐增强。

1.2 债权人治理与公司会计稳健性研究

会计稳健性是指，相对会计收益，公司会更及时地确认会计损失的会计现象（Basu，1997）。Watts（2003）指出，会计稳健性的成因包括契约成本、股东诉讼成本、税收成本及监管成本等四个方面，其中，有关契约成本与会计稳健性关系的研究最为成熟。基于契约理论，在契约主体与公司存在信息不对称或收益不对称的条件下，会计稳健性可以降低公司道德风险。例如，契约中的会计稳健性可以约束管理层的机会主义披露行为。与此同时，通过推迟收益确认，会计稳健性会低估公司累积收益或净资产，从而限制管理层自身或公司其他利益相关者的机会主义行为，提升契约机制有效性及公司价值。

Watts（2003）认为，债权人收益与公司净资产并不对称。当债务到期时，一方面，若公司净资产高于债务面值，除债务面值外，债权人无法得到其他任何补偿；另一方面，若公司净资产难以偿付债务，债权人收回的款项将低于债务面值。由此，债权人存在保护债务契约价值的激励，从而要求公司采用稳健的会计政策。

首先，会计政策稳健时，公司净利润较低，触发违约条款可能性较高，债权人更易发挥监督作用。Ball，Bushman and Vasvari（2008）指出，鉴于会计稳健性会影响债务契约中的诸多财务比率，并进一步影响公司投资、兼并、股利、回购等政策，相对股票市场，债券市场更偏好财务报表与股价的高相关性。Nikolaev（2010）发现，公司公开发行的债务附加条款越多，其会计政策越稳健。Tan（2013）认为，公司触发违约条款后，债仅人会获取更多公司经营信息，并实施更为严格的监督以避免后续损失，其对公司会计稳健性的要求也随之提高；他发现，触发违约条款后，公司会计政策愈加稳健，且至少持续 8 个季度。Martin and Roychowdhury（2015）指出，一旦公司出现资不抵债，当公司债务存在信用违约互换（*Credit Default Swap*，*CDS*）衍生产品时，债权人收益波动性降低，谈判能力增强，使得其监督激励减弱，对会计稳健性的需求也相应下降；他们发现，当公司债务可通过信用违约互换交易后，公司会计稳健程度显著降低。

其次，会计政策稳健时，公司净利润较低，债权人与管理层、债权人与股东之间的代理冲突较弱。Ahmed，Billings，Morton and Stanford – Harris（2002）认为，稳健的会计政策可以降低留存收益并限制股利发放，缓解债权人和股东之间的代理冲突；他们发现，针对股利政策，债权人和股东分歧越严重，公司会计政策越稳健。Peek，Cuijpers and Buijink（2010）认为，相对公开上市公司，私营公司中债权人和股东的代理冲突较弱，债权人对会计稳健性的要求也相对较低。Jayaraman and Shivakumar（2013）指出，限制兼并收购法案的出台降低了管理层机会主义行为的成本，加剧了债权人和管理层的代理冲突，从而提高债权人对公司会计稳健性的需要。Haw，Lee and Lee（2014）发现，公司信息不对称较高时，债权人面临的代理成本较高，其对公司会计稳健性的要求也较高。

此外，部分文献同时基于以上两个角度考察了债权人治理作用与公司会计稳健性的关系。Wittenberg – Moerman（2008）认为，会计稳健性可以降低债权人和公司之间的信息不对称，其原因在于，一方面，通过及时触发违约条款，会计稳健性可提高债务契约有效性；另一方面，稳健的会计政策会低估公司净资产，降低债权人代理成本；他发现，会计稳健性可以降低公司债券的买卖价差。

针对我国资本市场债权人治理作用与公司会计稳健性的关系，学者也多基于 Watts（2003）指出的“债务契约有效机制”角度展开分析。孙铮，刘凤委和汪辉（2005）发现，相对债务比重低的公司，债务比重高的公司会计政策更加稳健，且上述结论在盈利能力较差及非国有公司中更为显著。徐昕和沈红波（2010）也发现，上市公司银行贷款比例越高，稳健性越高，且短期银行贷款的监督作用大于长期银行贷款的监督作用。利用银行起诉上市公司违反债务契约的法律诉讼数据，祝继高（2011）发现，相对未被银行起诉的企业，被银行起诉的企业会计政策更为稳健，且非四大国有银行对会计稳健性的要求更高。

可见，已有研究多基于债务契约有效性角度，通过违约条款触发可能性，及债权人代理问题两个途径，论证债权人对公司会计稳健性的需求，及债权人发挥的积极公司治理作用。与此同时，部分文献（Martin and Roychowdhury，2015）从债权人自身监督激励弱化视角论证其对治理作用的下降，而较少关注债权人被动放弃监督权时，公司会计稳健性的变化。

1.3 债权人治理与公司盈余持续性研究

盈余持续性是公司盈余的一个重要属性，反映了公司当期盈余对未来盈余的预测能力，是公司管理层和股票市场投资者十分关注的会计盈余属性。Graham，Harvey and Rajgopal（2005）调查发现，78%的公司CFO宁愿放弃经济价值以换取更平滑的利润。这是因为，相比于利润波动较大的公司，利润更平滑的公司被认为风险更小，分析师的盈余预测也更准。公司盈余持续性高低对管理层薪酬业绩敏感性（Baber，Kang and Kumar，1998）、公司权益融资成本（Francis，Lafond，Olsson and Schipper，2004）、公司价值（Kormendi and Lipe，1987；Collins and Kothari，1989；Easton and Zmijewski，1989；Rountree，Weston and Allayannis，2008）均有十分重要的影响。

已有研究多从公司基本面因素和会计应计制系统两个角度分析公司盈余持续性的影响因素（Dechow，Ge and Schrand，2010），从债权人治理角度研究公司盈余持续性的文献较少。

首先，公司基本面因素会影响公司盈余持续性。Lev（1983）研究了公司产品特征、行业竞争程度、资本密集度和公司规模等一系列公司基本面因素对公司盈余持续性的影响，发现，生产耐用品的公司盈余持续性更差，行业进入壁垒越高、资本密集度越高、规模越大的公司，盈余持续性越好①。Nissim and Penman（2001）、Fairfield and Yohn（2001）、Soliman（2008）发现，执行成本

① Baginski，Lorek，Willinger and Branson（1999）强调，盈余持续性估计的好坏与ARIMA模型的设定形式有关。相比于低阶的ARIMA模型，一阶差分的高阶ARIMA模型更能反映公司的盈余持续性高低。

领先战略（低毛利率、高周转率）公司的盈余持续性比执行差异化战略（高毛利率、低周转率）的公司更好。Ghosh，Gu and Jain（2005）对比了“因收入增加引发的盈余增长”和“因成本控制引发的盈余增长”，发现前者的盈余持续性显著好于后者。Li（2008）发现，公司财务报表的可读性越强，其盈余持续性越高。Skinner and Soltes（2011）发现，支付股利公司的盈余持续性显著高于未支付股利的公司。陈信元，靳庆鲁和肖土盛（2013）基于实物期权①理论发现，对盈利机会差的公司，行业竞争越激烈，公司被清算或兼并的风险越大，管理层更倾向执行清算期权②以缩减投资规模，从而加剧会计盈余反转，盈余持续性变差；对盈利机会好的公司，激励的行业竞争反而能促使公司更有效地执行增长期权③（陈信元，靳庆鲁，肖土盛和张国昌，2014），增加公司盈余持续性。肖华和张国清（2013）发现，公司的内部控制质量越高，公司盈余持续性越好，公司价值也越高。李青原，王红建和容欣（2013）发现，相比于经济繁荣期，经济衰退阶段公司的盈余持续性更差，且经四大审计和股权集中度较低的公司盈余持续性越容易受经济周期影响。

其次，会计应计制系统会影响公司盈余持续性。Sloan（1996）将公司盈余拆分成应计项目和现金流项目，发现公司盈余中应计项目的盈余持续性比现金流项目的盈余持续性差。尽管该现象得到大量文献支持，但对其理论解释却不尽相同，已有研究分别从盈余操纵（Xie，2001；Dechow and Dichev，2002；Richardson，Sloan，Soliman and Tuna，2006）和投资增长（Fairfield，Whisenant and Yohn，2003）两个视角对此进行了分析。如 Xie（2001）将应计项目拆分成可操纵应计项目和正常应计项目，发现可操纵应计项目的持续性低是导致应计持续性较低的主要原因。但 Fairfield，Whisenant and Yohn（2003）认为，公司投资的不断增加及投资收益的边际递减效应是公司应计成分的盈余持续性更差的主要原因。基于此，他们将净营运资产增长拆分成应计和长期净营运资产增长两部分，发现两者均与公司盈余持续性负相关。

部分文献还分析了具体会计对象的盈余持续性差异及其对公司盈余持续性

---

① 实物期权是指将公司的实物资产投资看做购买了一个权力，其可以在未来以一定价格取得一项实物资产。根据实物期权理论，初始投资为沉没成本，可视为期权费用；如果进行了新的投资，则视为执行了该实物期权；新的投资金额即为期权的执行价格。

② 清算期权指公司经营失败时，可以选择出售现有资产或改变其用途，并将资源转移到其他回报率较高的领域。

③ 增长期权指公司经营成功时，可以选择在现有基础上扩大再生产。

的影响。Ramakrishnan and Thomas（1998）认为，除会计应计制规则外，会计对象的经济实质也会导致会计盈余及其不同成分具有不同的持续性。Richardson，Sloan，Soliman and Tuna（2005）发现，短期应计项目比长期应计项目的持续性更差，经营应计项目比财务应计项目的持续性更差。Allen，Larson and Sloan（2013）发现，存货减值准备带来的测量误差导致存货应计与公司盈余持续性负相关。伍利娜和李蕙伶（2007）发现，会计利润和应税利润差异较大公司的盈余持续性显著更低。张国清和赵景文（2008）发现，更不可靠的应计项目导致公司盈余持续性更差。大量研究还发现非经常性损益的盈余持续性较差也会导致公司盈余持续性变差（Fairfield，Sweeney and Yohn，1996；Nissim and Penman，2001；Dechow and Ge，2006；Allen，Larson and Sloan，2013）。

已有研究还分析了中国资本市场上的制度变革对公司盈余持续性的影响。申慧慧，黄张凯和吴联生（2009）发现，股权分置改革后，非流通股股东有动机向上操纵利润以最大化自身收益，其导致公司盈余持续性降低。孟焰，袁淳和高雨（2010）发现，证监会强制要求在表外披露非经常性损益信息提高了表内线下项目的持续性和预测能力。

基于债权人治理视角，已有研究认为，盈余持续性的提升是债权人积极治理作用的一个体现。Bushman and Wittenberg－Moerman（2012）认为，银团贷款主贷方声誉可以表征银行事前审批及事后监督作用，进而影响公司盈余持续性；他们发现，主贷方声誉越高，公司盈余持续性越好，公司基本面和应计与现金流的相关性越高。

1.4 债权人治理与公司价值研究

作为独特的金融中介和债权人，银行的治理作用能显著提高公司价值。James（1987）认为，为保护自身利益，银行在批准贷款时会对借款人进行详细审查，贷后还会持续跟踪监督，银行的这种监督作用是其他资金提供者所不具备的。因此，他们发现，公司宣告获得银行借款时，会有显著为正的超额回报，而公司宣布通过定向增发和债券融资偿还银行借款时，则有显著为负的回报。Eckbo（1986）也发现，公司宣告发行公司债的市场反应不显著。Lummer and

Mcconnell（1989）认为，获得银行借款意味着通过了银行的审核程序，但“新增借款”和“续新借款”不同，前者没有经过银行的持续检验，而后者经过银行至少一次的检验，其监督效应也更强。因此，他们将银行借款分为“新增借款”和“续新借款”两类，发现市场对“续新借款”公告有积极反应，对“新增借款”公告没有反应。Slovin，Johnson and Glascock（1992）发现，小企业的“新增借款”和“续新借款”均有显著为正的市场反应，但大企业却没有。Slovin and Young（1990）发现，公司发布增发公告时，有银行借款的企业没有市场反应，而没有银行借款的企业则存在显著为负的市场反应。Hirschey，Slovin and Zaima（1990）发现，公司发布贱卖公告时，银行借款较高的公司存在显著为正的市场反应，而较低的则没有。Maloney，Mccormick and Mitchell（1993）发现，公司的财务杠杆越大，宣告并购时的市场反应越强，即债务融资确实改善了管理层的并购决策。Billett，Flannery and Jon（1995）发现，信用评级越高的公司，宣告银行贷款时的超额回报也越大。Datta，Iskandar - Datta and Raman（2003）发现，债权人的监督会增加公司资产出售时的价值。

针对不同国家的研究也发现，银行的治理作用可以提高公司价值。针对日本公司，Kaplan and Minton（1994）和 Kang and Shivdasani（1995）发现，相对于未与主银行有联系的公司，与主银行有联系的公司（公司最大债权人也是公司股东）在公司业绩变差时更可能发生管理层变更，且管理层变更后公司绩效会得到改善。针对德国公司，Gorton and Schmid（2000）发现，相对于非银行性质的大股东，银行作为大股东更能有效改善公司绩效。

综合上述发现可知，银行对公司的积极治理作用能显著提高公司价值。

1.5　公司参股银行经济后果研究

根据世界银行发布的银行监管调查（*Bank Regulation and Supervision*，2003），全球 73 个国家和地区对公司参股银行的行为都有一定限制，但均没有禁止公司参股银行。近年来，我国上市公司参股银行的案例也不断增多。据作者统计，截至 2013 年底，共有 122 家民营上市公司参股银行（以参股比例超过 1% 为准）。上市公司参股银行的现象引起学者广泛关注。

已有研究发现，银行股东能够获得更多银行贷款。Laeven（2001）使用1994年世界银行对俄罗斯的调查数据发现，银行会向其关联股东发放更多贷款。La Porta，Lopez－De－Silanes and Zamarripa（2003）以墨西哥公司为研究对象，发现20%的商业银行贷款是关联贷款（银行向持有其股权公司的贷款）。同时，相对于非关联贷款，关联贷款的贷款利率更低，但违约率却更高。Maurer and Haber（2007）以1888—1913年墨西哥商业银行体系中的关联贷款为研究对象，发现关联贷款并不必然导致高违约率和信贷资金错误配置。相反，关联贷款更多是为了应对银行与借款人之间较高的信息不对称和契约执行成本。Charumilind，Kali and Wiwattanakantang（2006）将泰国巨富家族所控制的公司定义为银行关联公司，因为它们也都控制着银行。他们发现，与银行关联的公司能获得更多长期借款，也更易度过金融危机，但关联贷款会产生更高的坏账率。

针对我国公司参股银行经济后果的研究多从融资约束视角展开分析。蔺元（2010）认为，当产业资本高速发展到一定水平时会遇到资金瓶颈，为实现产业扩张，解决资金需求，产业资本会渗透到金融行业。他们发现，业绩增长率高、规模膨胀快的公司更倾向于参股金融机构，但参股金融机构后公司各项经营业绩指标均显著下滑。Lu，Zhu and Zhang（2012）认为，民营企业面临“信贷歧视”问题（Brandt and Li，2003；Cull and Xu，2003），其更倾向于通过参股银行缓解公司融资约束。基于此，他们发现，相对国有企业，民营企业更倾向于参股银行，且参股银行的民营企业融资成本更低，现金持有也更少，当货币政策从紧时还能获得更多的短期借款。与此同时，他们还发现，参股银行的民营企业其经营绩效也更好。研究表明，公司通过参股银行缓解了融资约束，最终改善了公司经营绩效。陈栋和陈运森（2012）发现，参股银行的公司现金持有水平更低，现金调整更平缓，且当货币政策更紧时，参股银行的公司会通过经营活动和筹资活动调整现金持有，并保持较高的资本支出，而未参股银行的公司则主要通过经营活动和压缩投资支出维持公司的现金持有水平。他们还发现，参股银行公司的这种积极现金管理政策有助于公司抵御货币政策对企业流动性的冲击，对公司发展具有积极意义，而未参股银行的公司在面对紧缩的货币政策时则只能采取被动的现金管理政策，现金调整成本更大，公司现金持有的折价更大。即公司通过参股银行向投资者传递了其具有很强的外部融资能力的信号，降低了公司与外部融资来源之间的信息不对称，从而帮助公司抵御货币政策的不利影响。郭牧炫和廖慧（2013）发现，民营企业参股银行更多是为了追求多元化经营和分享银行业垄断利润，其参股银行后整体负债水平和银行借款均显著增加，即公司融资约束得到缓解。此外，公司的营业外净收益有所增加，但整体绩效水平却显著下降。但朱松，陈关亭和杜雯翠（2014）发现，持有金融机构股权的公司可以缓解公司融资约束，并降低公司现金储备水平，但该影响主要发生在持有非银行类金融机构公司，而非持有银行的公司。

部分文献还分析了我国公司参股银行对公司风险和公司投资效率的影响。翟胜宝，张胜，谢露和郑洁（2014）发现，银行关联（银行股权关联和高管关联）会加大企业风险，且其主要存在于非国有企业和小规模企业中。翟胜宝，易旱琴，郑洁，唐玮和曹学勤（2014）认为，一方面，银企关系（公司参股银行、银行参股公司、高管具有银行背景）通过缓解股东与债权人的信息不对称提高了公司贷款的可能性，缓解公司投资不足问题；另一方面，通过引入银行监督，银企关系使股东或管理层做出更谨慎的投资决策，抑制公司过度投资问题。换言之，银企关系能够改善公司投资效率。

第2章　制度背景

2.1　我国银行业的整体治理环境

改革开放前，我国实行“大一统”的国家银行体系，即中国人民银行是全国唯一的信贷、结算和货币发行中心，这与当时的计划经济模式密切相关。改革开放后，政府对我国银行体系进行了多次重大改革，我国银行业的发展史也几乎是国有银行的改革史。谢平（2008）将我国改革开放以来的银行业改革分为三个阶段：1978—1993 年的银行专业化改革阶段；1993—2003 年的国有独资银行改革阶段；2003 年至今的银行股份制改革阶段。

在改革的前两个阶段，政府不仅从外部理顺了国有商业银行与中央银行、财政部的关系，剥离了商业银行的政策性负担，还从内部优化了商业银行的内部控制制度、财务人事制度和商业化运作制度等公司治理体系。然而，就总体而言，银行业改革并不成功。改革失败与当时我国国有企业改革面临的困境以及整个宏观经济状况较差有一定关系，但改革失败的根源在于，国有商业银行和国有企业的股东都是国家，借贷双方并未形成真正的金融关系，即产权制度的不合理是导致改革失败的关键。

为从根本上改变我国商业银行的经营状况，2003 年底起的银行业改革开始触碰商业银行的产权问题（田利辉，2005b）。2003 年 12 月 27 日，第十届全国人民代表大会常务委员会第六次会议通过了《关于修订〈中华人民共和国商业银行法〉的决定》。随后，2004 年 1 月 6 日，国务院决定中国银行和中国建设银行成为股份制改革试点单位，并动用 450 亿美元外汇储备为其补充资本金。2004 年 3 月 11 日，银监会专门发布了《关于中国银行、中国建设银行公司治理改革与监管指引》，详细指明了此次银行业改革的路径和目标。具体地，此次改革对商业银行进行了全方位改造，主要表现在：其一，剥离商业银行不良贷款，同时向商业银行注资以提升银行资产质量；其二，对商业银行进行股份制改造，并建立规范的股东大会、董事会、监事会和高级管理层制度；其三，引进境内外战略投资者，改变单一股权结构，改革成效令人赞叹。中国建设银行和中国银行分别于2005年10月、2006年6月在香港成功上市。

国有商业银行改革成功也带动了其他中小商业银行的改革，从而共同推动我国商业银行的市场化进程。据2011年银监会年报披露，2003年以来，约800家城市信用社完成了城市商业银行的重组或退出了信贷市场。城市商业银行从两方面开展市场化改革，一方面，通过重组、增资和资产置换等方式，城市商业银行处置了1700亿元不良资产，资产质量得到提高；另一方面，通过完善内部控制体系、创新风险管理技术、完善公司治理体系等，城商行基本实现了银行的商业化运作方式。

随着商业银行股份制改革的不断推进，我国银行业的整体环境已经发生了巨大变化[①]。

第一，我国商业银行的内部控制和风险管理能力不断提升。一方面，2003年成立银监会以后，商业银行逐步形成了良好的公司治理结构和完善的“三会一层”组织架构，建立了相互制衡的决策机制和管理程序。另一方面，我国资本市场规模的不断扩大使部分商业银行，如国有四大银行、股份制银行及一些城市商业银行陆续上市。商业银行上市后不仅可以募集大量资金充实资本，证券监管部门对上市银行的监督也增强了商业银行的透明度，推动商业银行公司治理机制的完善。商业银行不断加强的内部治理结构使商业银行的内部控制和风险管理能力得到提升，风险意识逐步融入商业银行的战略规划和日常管理，银行资产质量明显提高，不良贷款率持续下降。图2-1绘制了2004—2013年我国商业银行不良贷款率的季度变化趋势。可以看出，2009年之前，各种类型商业银行的不良贷款率均呈现大幅下降趋势，2009年以后，不良贷款率缓慢下降并趋于平稳。其中，国有商业银行的不良贷款率从2004年一季度的19.2%下降到2013年四季度的1%，股份制银行的不良贷款率从2004年一季度的7.1%下降到2013年四季度的0.86%。持续下降的不良贷款率表明商业银行对信贷资金的监督作用在不断加强，贷款违约现象已经得到遏制。此外，据银监会2011年

---

① 部分内容参考2011年3月14日银监会主席在中央国家机关工委、中国银监会联合举办的“辉煌银行业：回顾十一五展望十二五”系列形势政策报告会上的报告《我国银行业体制改革取得历史性突破》。

年报披露，在2003年，我国没有一家商业银行的资本充足率达到8%，2004年仅一半的商业银行资本充足率达到8%，2005—2007年间，70%～80%的商业银行资本充足率达到8%，2008年以后，所有商业银行的资本充足率全部超过8%。

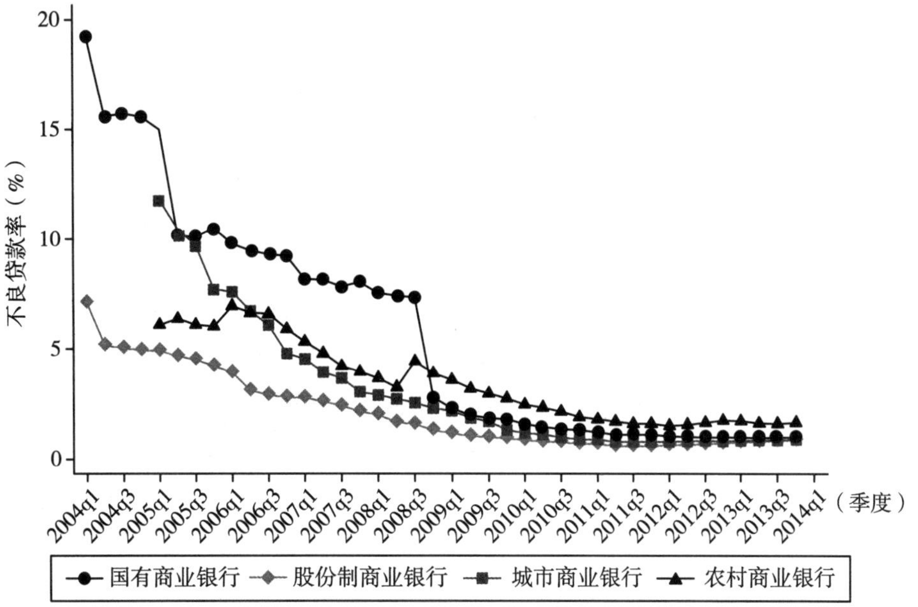

图2－1　2004—2013年我国商业银行不良贷款率季度变化趋势

注：图中横轴为季度标示，纵轴为各类型商业银行不良贷款率，单位为%。图中标示为圆形、菱形、方形和三角形的线条分别代表该季度国有商业银行、股份制商业银行、城市商业银行和农村商业银行的不良贷款率水平。

数据来源：中国银行业监督管理委员会年报。

第二，随着内部治理结构的逐步完善，商业银行的整体实力和经营绩效大幅提升。图2－2和图2－3分别绘制了2004—2013年我国商业银行总资产和税后利润的年度变化趋势。可以看出，各种类型商业银行的总资产和税收利润逐年上升。其中，国有商业银行的总资产和税收利润分别从2004年的179816亿元和462亿元增加到2013年的656005亿元和8382亿元，分别增长2.7倍和17.1倍；股份制商业银行的总资产和税收利润分别从2004年的29599亿元和147亿元增加到2013年的269361亿元和2945亿元，分别增长8.1倍和19.0倍。

第三，随着银行业改革的不断推进，股份制银行和地方城市商业银行的陆续上市，我国银行业的整体竞争程度也在逐步上升。图2－4绘制了2005—2013年我国银行业竞争程度变化趋势。银行业竞争程度以非国有银行资产占所有银

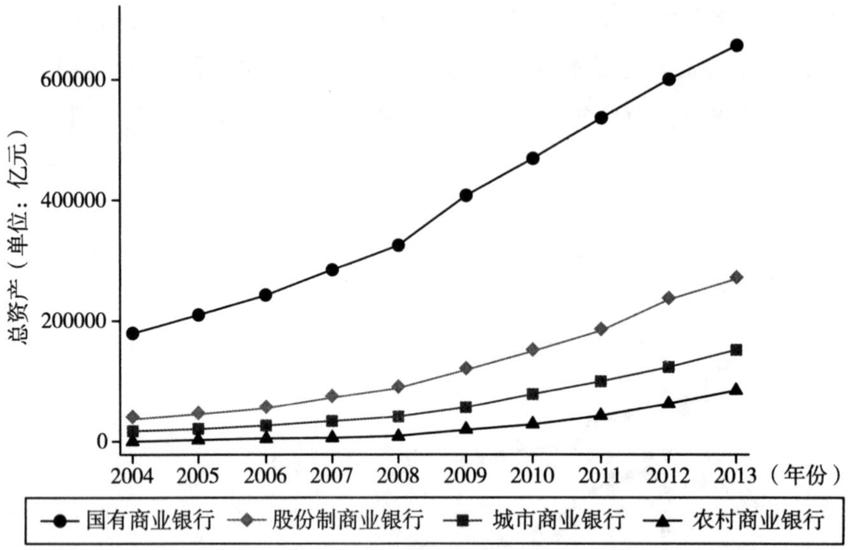

图 2 -2　2004—2013 年我国商业银行总资产年度变化趋势

注：图中横轴为年份标示，纵轴为各类型商业银行总资产，单位为亿元。图中标示为圆形、菱形、方形和三角形的线条分别代表该年度国有商业银行、股份制商业银行、城市商业银行和农村商业银行的总资产水平。

数据来源：中国银行业监督管理委员会年报。

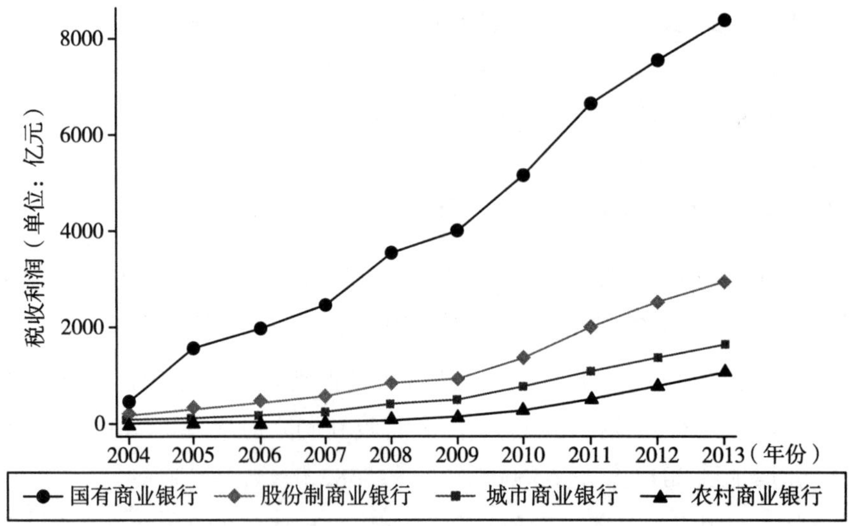

图 2 -3　2004—2013 年我国商业银行税收利润年度变化趋势

注：图中横轴为年份标示，纵轴为各类型商业银行税收利润，单位为亿元。图中标示为圆形、菱形、方形和三角形的线条分别代表该年度国有商业银行、股份制商业银行、城市商业银行和农村商业银行的税后利润水平。

数据来源：中国银行业监督管理委员会年报。

行资产之比表示，该比值越高，银行业竞争程度也越高。可以看出，非国有银行资产占所有银行资产的比重从 2005 年的 53.6% 下降到 2006 年的 49.67%，然后一直增加到 2013 年的 59.87%。商业银行竞争程度的不断加大使大型企业与商业银行谈判时的议价能力也不断增强。

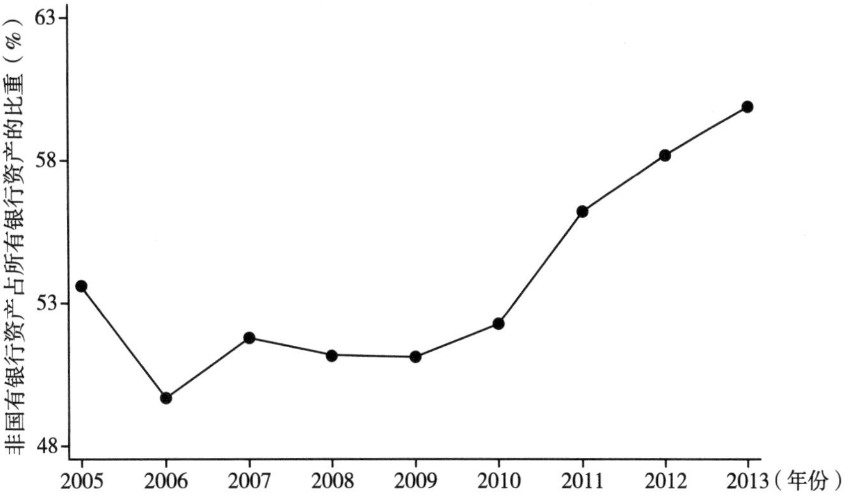

图 2－4　2005—2013 年我国银行业竞争程度变化趋势

注：图中横轴为年份标示，纵轴为我国非国有银行资产占所有银行资产的比重，单位为%。图中线条代表当年全国非国有银行资产占所有银行资产的比重。

数据来源：中国人民银行。

针对我国商业银行的经营效率，已有大量研究采用数据包络分析法（*Data Envelopment Analysis*）对此进行了综合评估。张健华（2003）以我国 1997—2001 年三类商业银行为研究对象，发现股份制银行的效率更高，其次是四大国有银行，城市商业银行的效率最低。姚树洁，冯根福和姜春霞（2004）以 1995—2001 年 22 家商业银行为研究对象，发现非国有银行效率比国有银行高 11% ~ 18%，预算硬约束的银行绩效比政府投入大量资本的银行绩效好。朱南，卓贤和董屹（2004）以 2000—2001 年我国最大的 14 家商业银行为研究对象，发现四大国有商业银行的整体效率远低于股份制商业银行，员工人数过多是导致四大国有商业银行效率低下的主要原因。姚树洁，姜春霞和冯根福（2011）以 1995—2008 年我国 42 家商业银行为研究对象，发现中国银行业效率在样本期间内得到改善，且利润效率改善速度高过成本效率改善速度。他们也发现，股份制商业银行和城市商业银行的利润效率高于国有商业银行。李平，曾勇和朱晓林（2013）以2002—2008年32家中资商业银行为研究对象，发现2003年以来的银行业改革使中资商业银行的整体效率获得较大提升，尽管国有大型银行的效率仍然最低。具体地，针对国有大型银行的资产重组和股份制改革并没有缩小其与股份制银行和城商行在效率方面的差异，但不良资产剥离带来了技术效率的提高，引进境外战略投资者也使得中资商业银行的资源配置效率得到了提高。上述研究发现与我国银行业改革的进程相一致，表明我国银行业改革已经取得了一定进展，银行业的整体治理环境在不断改善。

综合上述发现可知，在经历了多次银行业改革后，我国商业银行在市场化改革方面已经取得了长足进展。总体而言，商业银行的内部控制和风险管理能力不断提升，不良贷款率持续下降，资产质量和经营绩效大幅提升，银行业竞争程度也在不断加强，即我国银行业的整体治理环境在不断改善。

2.2 我国银行业治理中存在的问题

在推进商业银行股份制改革的过程中，商业银行在市场化改革方面已经取得了巨大进步，商业银行的整体治理环境得到改善。较好的银行业治理环境使商业银行能够比较有效地发挥其自身的金融中介作用，从而对公司进行积极监督。然而，我国银行业治理中依然存在两个问题。

首先，我国各地区经济发展水平差异巨大，金融资源分布极不均衡，导致各地区银行业竞争程度也存在较大差异。图2－5绘制了2005—2013年我国各省份银行业竞争程度的变化趋势。银行业竞争程度以非国有银行资产占所有银行资产之比表示，该比值越高，银行业竞争程度也越高。从整体上看，我国银行业竞争程度不断加强，但与此同时，我国各地区银行业竞争程度差异巨大。在2005年，各省份银行业竞争程度的下四分位数为31.7%，上四分位数为46.2%；在2013年，该数值分别为46.8%和53.9%。可见，我国银行业竞争程度虽愈发激烈，但各地区银行业竞争程度依然有明显差异。较低的银行业竞争程度会弱化银行对公司的治理作用。

其次，我国的财政分权体制和官员晋升机制使地方政府有动机去干预商业银行的信贷决策，以促进本地区经济的发展。一方面，1994年的分税制改革使

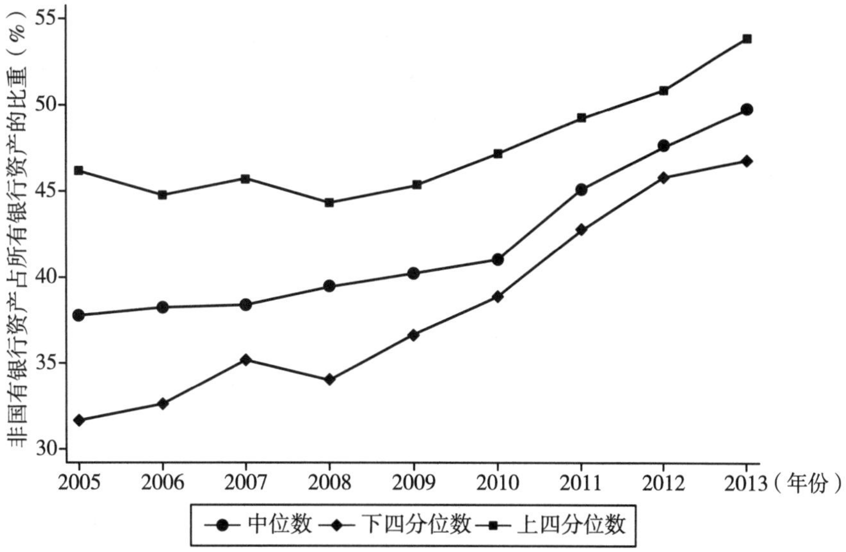

图2－5　2005—2013年我国各省份银行业竞争程度变化趋势

注：图中横轴为年份标示，纵轴为我国各省份非国有银行资产占所有银行资产的比重，单位为%。图中标示为圆形、菱形和方形的线条分别代表当年全国各省份非国有银行资产占所有银行资产比重的中位数、下四分位数和上四分位数。

数据来源：中国人民银行。

大量财政收入集中到中央政府，而将财政负担留给了地方政府。随着社会老龄化的不断加剧，地方政府承担的财政支出，如退休养老金、失业救济、困难补助等社会保险支出规模不断增加（黎凯和叶建芳，2007）。财政收入和财政支出之间割裂的联系导致地方政府面临沉重的财政压力，不得不向商业银行伸出“干预之手”，影响商业银行的信贷决策。此外，财政分权体制将大量财政负担留给地方政府的同时，也赋予地方政府相当的财政支配权，这大大刺激了地方政府发展当地经济的积极性。Bai，Du，Tao and Tong（2004）指出，财政分权体制强化了地方政府保护本地公司的激励。为此，地方政府会迫使本地银行向本地公司贷款，这可能偏离了银行业的市场化方向，使银行贷款变得无效率。

已有研究也发现，地方政府确实会干预银行的信贷资金配置过程。黎凯和叶建芳（2007）发现，中央和地方政府并未干预短期银行借款，但地方政府通过干预银行使地方国有企业获得了更多长期借款。余明桂和潘红波（2008）发现，地区的政府干预越多，国有企业获得的银行借款也越多，贷款期限也更长，但地方政府通过干预银行信贷决策向国有企业提供的贷款是低效率的。

综合上述发现可知，我国银行业治理中依然存在两个问题：其一，各地区金融资源分布极不均衡，银行业竞争程度差异较大；其二，我国的财政分权体制和官员晋升机制使地方政府有激励去干预银行的信贷资源配置。较低的银行业竞争水平和政府干预会弱化银行对公司的治理作用。

2.3 “两康”事件中的银行治理问题

银行作为第三方机构，理应发挥监督公司行为、治理资本市场的作用，而在我国资本市场中，银行的这一作用机制似乎有所缺失。早在十几年前，被曝光的锦州港、银广夏、蓝田股份等财务造假案中都涉及银行与客户的私下勾结，在这些例子中，银行非但没有很好的发挥其作为第三方对资本市场的监督治理作用，反而扮演了“助纣为虐”的角色。随着银行业治理机制的不断完善，资本市场一度对银行的监督作用十分信任。然而，2019 年以来频频曝出的“存贷双高”企业财务造假案，则进一步暴露了我国银行治理机制的缺陷，康得新和康美药业就是两个典型的例子。2019 年初，康得新和康美药业等多家上市公司曝出财务造假，被证监会立案调查。这些财务造假案中一个比较突出的特征，即相当一部分企业存在“存贷双高”的异象。曾经的“白马股”“潜力股”如今跌落神坛，令人对“存贷双高”这种特殊形式的企业产生质疑，同时也对银行对上市公司的监督治理效应产生疑问。以下将详细介绍康得新和康美药业财务造假案发生的原因、过程和结果，并对银行在这些事件中扮演的角色、发挥的作用进行分析。

2.3.1 康得新爆雷事件

1. 康得新爆雷事件简介

康得新属于典型的存贷双高企业。见表 2－1，康得新连续多年表现出“存贷双高”的异象，货币资金占总资产高达 50% 左右，有息负债占总资产比重也高达 30% 。如此高额的货币资金和有息负债，已经违背了公司正常经营的规律。有一种可能的解释是企业可以以较低的利率获得融资，若擅长投资，能获得较高的资金收益率。而表 2－1 中的数据显示，康得新 2015—2018 年的货币资金收益率普遍较低，在 1% 左右，而融资成本却在 5%，这就排除了企业利用较低的融资成本套利的合理性。偏低的货币收益率令人质疑康得新持有高额货币资金的合理性和真实性。如果康得新账面的高额现金是真实存在的，企业又没有用这些资金去回购债务，那企业同时承担了较高的债务融资成本，又承担了很高的持有货币资金的机会成本，这显然是不符合逻辑的。

表 2－1　　　　康得新货币资金收益率与短期融资成本

	2015 年度	2016 年度	2017 年度	2018 年度
期末货币资金	10086511907.00	15388938487.47	18504142834.01	15315737345.62
期末总资产	18368004106.15	26425136653.63	34262356436.88	34253707393.49
货币资金占比	54.91%	58.24%	54.01%	44.71%
利息收入	25475938.21	88827649.27	167339650.31	220031694.81
平均货币资金	7139727514.89	12742541336.90	16946540660.74	16909940089.82
资金收益率	0.36%	0.70%	0.99%	1.30%
利息支出①	321067057.91	365595106.79	442714764.14	662225757.65
有息负债总额	6496118425.17	6633079834.76	11635675436.59	10800289348.49
有息负债占比	35.37%	25.10%	33.96%	31.53%
债务融资成本	4.94%	5.51%	3.80%	6.13%

2019 年 1 月 16 日，康得新复合材料集团股份有限公司发布公告，称受宏观经济环境等因素的影响，公司“18 康得新 SCP001”债券无法按期足额偿付本息；同年 1 月 22 日，康得新再次宣布其另一债券“18 康得新 SCP002”也构成实质性违约。消息一出，舆论哗然，因为康得新 2018 年第三季度的财务报表中显示，公司账面还有高达 150.14 亿元的货币资金。货币资金高达 150 亿元却无法偿付不足 16 亿的债券本息，不禁令人怀疑其高额货币资金的真实性。

2019 年 4 月 30 日，康得新公布其 2018 年财务报告，但公司的三位独立董事张述华、杨光裕、陈东均无法保证报告披露内容真实可靠，负责审计康得新的瑞华会计师事务所也对该报告出具了非标审计意见。瑞华会计师事务所在审计意见报告中披露了多项发表无法表示意见的事项，其中一项就针对公司存放在北京银行西单分行的 122.10 亿元现金的真实性表示了质疑，事务所称其在 2019 年 4 月 29

① 利息支出的计算方式为分配股利、利润或偿付利息支付的现金减去当年支付的现金红利。

日收到了北京银行西单支行询证函回函，回函显示："银行存款该账户余额为0元，该账户在我行有联动账户业务，银行归集金额为12209443476.52元。"康得新的三位独立董事也表示，这笔存款既不能用于支付也无法执行，并且北京银行西单支行曾经口头回复"可用余额为零"。北京银行西单分行和存放于此的122亿元银行存款的真实性一时之间成为了关注的焦点。

表2－2是康得新2018年年报中披露的货币资金具体构成。其中所有权或使用权受到限制的部分为2347259315.32，包括货币资金——其他货币资金847259315.32（用于向银行申请银行承兑汇票、保函、信用证的保证金存款）和货币资金——银行存款1500000000.00（厦门国际银行定期存款）；真实性存疑的部分为12210067986.20；未受限且真实性不存疑的部分仅有758410044.10。因此，康得新实际可以动用的部分不足8亿元。

表2－2　　康得新2018年年报货币资金构成

货币资金	15315737345.62	
其中：库存现金	114998.18	
其中：银行存款	14468363032.12	北京银行西单分行存款：12210067986.20 厦门国际银行定期存款：1500000000.00 其他存款：758295045.92
其中：其他货币资金	847259315.32	用于向银行申请银行承兑汇票、保函、信用证的保证金存款

2019年5月7日，康得新公告其关于深交所关注函的回复，在该回复中，康得新披露了控股股东康得投资集团与北京银行签订的《现金管理合作协议》的内容。根据该协议，"账户资金集中采取实时集中方式，……账户余额按照零余额管理，即各子账户的资金全额归集到康得投资集团账户。"即康得新存入北京银行西单分行的122亿元现金被通过"现金管理"的方式挪至康得投资集团账户上，康得新账户实际余额为零，钱已经被控股股东挪走。而北京银行西单分行又可以为康得新提供"应计余额"的余额呈现方式，即虽然康得新账户上实际余额为零，但按照应计余额的计算方式康得新账上还有122亿元，银行就可以为康得新提供122亿元的余额呈现。康得投资集团就是以这种方式瞒天过海，将122亿元存款占用。该协议解释了122亿元银行存款"不翼而飞"的原因，也揭示了康得新控股股东康得投资集团非法占用上市公司资金的真相。《现金管理合作协议》的存在显然是不符合法律规定的，根据《上市公司治理

准则（2018）》第68条的规定，“控股股东、实际控制人与上市公司应当实行人员、资产、财务分开，机构、业务独立，各自独立核算、独立承担责任和风险。”可见，该协议属于北京银行西单分行向上市公司及其控股股东提供的非法协议。

2. 康得新爆雷事件各关联方分析

（1）康得新控股股东——康得投资集团。

康得新早在2019年1月20日就发布《康得新复合材料集团股份有限公司关于公司及控股股东、实际控制人、持股5%以上股东被中国证监会立案调查进展暨风险提示的公告》，宣称在证券监管部门调查过程中，同时经公司自查，发现公司存在被大股东占用资金的情况。之后曝出的《现金管理合作协议》更是进一步证实了康得新巨额货币资金已被控股股东挪用的可能性。

控股股东的融资约束是其铤而走险、非法挪用上市公司资金的根源。一方面，控股股东面临融资约束的一个重要表现为将自己持有的上市公司股权进行质押。见表2-3，2015—2018年，康得新的控股股东康得投资集团对其持有的康得新的股份质押的比例在99%以上，这说明康得投资集团近年来面临较为严重的融资约束。

表2-3　康得新控股股东——康得投资集团持股及股权质押情况

	2015年度	2016年度	2017年度	2018年度
持股比例	15.28%	22.26%	24.06%	24.05%
持股数量	245856507	785482381	851414682	851414682
质押数量	245644164	784866154	847217647	846694851
质押比例	99.91%	99.92%	99.51%	99.45%

另一方面，如果控股股东在其控股的上市公司之外有很多家金融相关的企业，那控股股东很可能挪用上市公司资金投入这些金融相关企业以谋取个人私利。钟玉是康得新的控股股东康得投资集团的实际控制人，见表2-4，康得投资集团实际控制人钟玉手下共有46家公司，除去已被注销或处于吊销状态的还有37家。在这37家中，有将近三分之一为从事投资、基金类的公司，这大大增加了实际控制人钟玉挪用上市公司资金进行其他投资的可能性，但也不排除实际控制人挪用资金发展其他实业的可能。

表 2-4　　康得投资集团实际控制人钟玉旗下公司①

序号	企业名称	职位	经营状态
1	张家港康得新未来城投资管理有限公司	董事长	存续
2	康得碳谷实业（荣成）有限公司	法人，执行董事兼总经理	在业
3	康得碳谷科技有限公司	法人，董事长	在业
4	北京康得新创科技股份有限公司	股东，董事	在业
5	天津众得创利信息科技中心（有限合伙）	股东	存续
6	天津众得创发信息科技中心（有限合伙）	股东	存续
7	天津新众聚联信息科技有限公司	股东	存续
8	天津聚望联成信息科技中心（有限合伙）	股东，未知	注销
9	天津聚信联发信息科技中心（有限合伙）	法人，股东，未知	注销
10	苏州康得新研究中心有限公司	董事	存续
11	深圳市康得鑫根投资基金管理有限公司	曾任职	注销
12	江苏康得新碳纤维复合材料有限公司	曾任职	存续
13	张家港康得新装备科技有限公司	曾任职	存续
14	东方视界科技（北京）有限公司	法人，董事长	在业
15	上海康珑丰投资管理有限公司	法人，董事长	注销
16	北京康得鑫投资管理有限公司	法人，股东，经理，执行董事	在业
17	泛海投资集团有限公司	曾任职	在业
18	北京康得投资管理有限公司	法人，经理，执行董事	在业
19	深圳前海保康龙德投资管理有限公司	法人，执行董事，总经理	注销
20	康得复合材料有限责任公司	法人，董事长	存续
21	北京中天智慧投资股份有限公司	董事	在业
22	北京康得物业服务有限公司	股东	在业
23	上海玖琨股权投资管理有限公司	董事	存续
24	康得控股有限公司	法人，其他人员	存续
25	南京视事盛电子科技有限公司	法人，执行董事	存续
26	康得投资集团上海资产管理有限公司	法人，执行董事兼总经理	存续
27	上海玮舟微电子科技有限公司	法人，执行董事	存续
28	张家港康得新光电材料有限公司	曾任职	存续
29	北京康得新功能材料有限公司	董事	在业
30	中安信科技有限公司	法人，董事长	存续
31	杭州康得新机械有限公司	曾任职	存续
32	康得世纪能源科技有限公司	曾任职	在业
33	山东顺凯复合材料有限公司	曾任职	在业

① 数据来源于天眼查。

续表

序号	企业名称	职位	经营状态
34	宁夏节能投资有限公司	曾任职	存续
35	北京澳新天鸿投资顾问有限公司	法人，股东，执行董事	在业
36	北京益圣恒通投资管理有限公司	曾任职	在业
37	北京中关村竞合投资管理有限公司	股东	在业
38	北京中关融鑫互助担保有限公司	法人，董事长，总经理	注销
39	张家港保税区康得菲尔实业有限公司	曾任职	存续
40	北京世博置业有限公司	法人，执行董事	注销
41	康得新复合材料集团股份有限公司	曾任职	存续
42	北京农村商业银行股份有限公司	股东	在业
43	北京康得通用设备有限公司	曾任职	在业
44	北京新康清经贸有限责任公司	法人，董事长	吊销
45	康得投资集团有限公司	法人，股东，董事长，经理	存续
46	北京康电新技术信息咨询中心	法人，董事	注销

2019 年 5 月 12 日，张家港市公安局官微发布消息称，康得投资集团董事长、康得新大股东及实际控制人钟玉因涉嫌犯罪被警方采取刑事强制措施，康得新债务违约事件以其控股股东的实际控制人钟玉被采取刑事强制措施暂告一段落。

（2）负责审计康得新的会计师事务所——瑞华会计师事务所。

2019 年 7 月 8 日，负责审计康得新的瑞华会计师事务所被立案调查，原因在于康得新 2014—2018 年的年报中存在重大纰漏，而负责对其进行审计的瑞华会计师事务所没有在审计意见报告中进行说明，且多次出具了标准无保留的审计意见。2019 年 7 月 5 日康得新发布的“＊ST 康得（002450）关于收到中国证监会行政处罚事先告知书的公告”中详细列出了康得新年报中存在披露而会计师事务所没有在审计意见报告中说明的问题，公告中表示，康得新涉嫌在 2015 年至 2018 年期间，通过虚构销售业务等方式虚增营业收入，并通过虚构采购、生产、研发费用、产品运输费用等方式虚增营业成本、研发费用和销售费用。通过上述方式，康得新共虚增利润总额达 119 亿元。此外，康得新还涉嫌未在相关年度报告中披露控股股东非经营性占用资金的关联交易和为控股股东提供担保，以及未如实披露募集资金使用情况等违法行为。上述行为导致康得新披露的相关年度报告存在虚假记载和重大遗漏。

①在年度报告中虚增利润总额。

表 2 – 5 中具体列示了康得新 2015—2018 年每年虚增利润的金额和扣除虚增

利润后的实际利润。从表 2－5 中可以看出，康得新近几年的利润都是虚增的，实际利润均为负，且实际利润呈现逐年下降的趋势。连续多年如此巨额的利润虚增没有被发现，不难推测康得新和瑞华会计师事务所的合谋关系。

表 2－5　　　　康得新 2015—2018 年利润虚增情况

	2015 年度	2016 年度	2017 年度	2018 年度
虚增利润总额（亿元）	23.81	30.89	39.74	24.77
披露利润总额（亿元）	16.46	23.02	29.12	3.43
实际利润总额（亿元）	－7.35	－7.87	－10.62	－21.34
虚增利润/披露利润	144.65%	134.19%	136.47%	722.16%

②未在年度报告中披露控股股东非经营性占用资金的关联交易情况。

康得新 2014 年到 2018 年年度报告披露，康得投资集团为康得新的控股股东，根据《公司法》的规定，康得投资集团为康得新的关联方。2014 年，康得投资集团与北京银行西单支行签订了《现金管理服务协议》，对康得投资集团控制的下属公司在北京银行开立的银行账户上进行资金集中管理，协议下子公司账户资金实时归集到康得投资集团的账户，如需付款再从母账户下拨，各子账户实际余额为 0，但北京银行可以向公司提供应计余额式的余额管理方式。康得新及其 3 家子公司的账户资金被实时归集到康得集团。根据《企业会计准则第 36 号——关联方披露》第七条、第八条第（五）项的规定，康得新合并范围内的共 5 个银行账户资金被实时归集到康得投资集团，实质上系康得新向关联方康得集团提供资金、康得集团非经营性占用康得新资金的行为，构成康得新与康得集团之间的关联交易。表 2－6 列示了 2014—2018 年康得新与其控股股东的关联交易情况，从表 2－6 中可以看出，康得新与其控股股东关联交易的金额巨大，在 2014、2015 和 2017 三个年份中甚至超过了公司当年净资产的金额，瑞华会计师事务所却仍对康得新的年报出具了标准无保留审计意见，存在重大过失。

表 2－6　　　　康得新与康得集团关联交易情况

	2014 年度	2015 年度	2016 年度	2017 年度	2018 年度
关联交易金额（亿元）	65.23	58.37	76.72	171.50	159.31
占比最近一期经审计净资产	171.75%	120.92%	83.26%	109.92%	88.36%

③未及时披露及未在年度报告中披露为控股股东提供关联担保的情况。

康得新的子公司张家港康得新光电材料有限公司多次为康得新的控股股东

提供关联担保。在2016年的1月22日和11月14日与厦门国际银行股份有限公司北京分行签订了两份《存单质押合同》，在2017年1月17日再次与厦门国际银行北京分行签订了一份《存单质押合同》，在2018年9月27日与中航信托股份有限公司签订了一份《存单质押合同》。这几份存单质押合同均以张家港康得新光电材料有限公司的大额专户资金存单为康得新的控股股东康得投资集团提供担保。

张家港康得新光电材料有限公司签订的这几份《存单质押合同》属于为关联方提供担保的情形，按照《中华人民共和国证券法》的规定，康得新应当在签订担保合同之日起两个交易日内，披露其签订担保合同及对外提供担保事项；且根据《公开发行证券的公司信息披露内容与格式准则第2号——年度报告的内容与格式》规定，康得新应当在年报中披露该事项。康得新既未及时公告披露，又未在年报中进行披露，存在重大遗漏。

④未在年度报告中如实披露募集资金使用情况。

康得新在2015年12月和2016年9月分两次进行募集资金，分别募得298226.92万元和478422.59万元，用于向张家港康得新光电材料有限公司增资，以建设年产1.02亿平方米先进高分子膜材料项目、年产1亿片裸眼3D模组产品项目，并归还银行贷款。然而这笔资金并没有按照其申请时报告的用途合理使用。公告中表明，2018年6月10日，康得新与中国化学赛鼎宁波工程有限公司和沈阳宇龙汽车有限公司签订《采购委托协议》，根据该协议规定，化学赛鼎和宇龙汽车按照康得新的要求与康得新指定的供应商签订供货合同、并按照康得新要求将收到的货款转付给指定供应商。2018年7月至12月期间，康得新以支付设备采购款的名义累计向化学赛鼎、宇龙汽车提供了24.52亿元，而这笔资金是从康得新的募集资金专户中转出的，这笔钱经过多道流转后，最终回到了康得新，用于归还借款和虚增利润等不正当用途，变更了募集资金的实际用途。这导致康得新2018年的年度报告中存在虚假记载。

（3）联动账户业务的提供者——北京银行西单分行。

2019年7月19日，证监会发行监管部要求北京银行就康得新联动账户业务的具体情况和北京银行存款和函证业务内部控制是否健全进行说明。在康得投资集团实际控制人被捕、瑞华会计师事务所被立案调查后，康得新爆雷事件的最后一个重要角色——北京银行西单分行，终于开始接受整治。

北京银行西单分行扮演的主要角色为向康得新及其控股股东康得投资集团

提供了联动账户业务，并提供了不合规范的函证业务。联动账户业务就是将康得新及其子公司的钱放到康得投资集团的账户上集中管理，而函证业务是指北京银行西单分行提供的应计余额式的余额显示方式。

西单支行的做法违反《上市公司治理准则（2018）》第68条关于上市公司独立性的要求，即“控股股东、实际控制人与上市公司应当实行人员、资产、财务分开，机构、业务独立，各自独立核算、独立承担责任和风险”。一位股份行北京分行公司部总经理评价《现金管理合作协议》：“这不是真正的现金管理，而是银行配合企业优化财报的灰色操纵。”这种现金管理是为了出具存款证明、资金证明等函证而存在的，银行在实际操纵中可能都不需要实际走账。这种现金管理经常打着“创新”的旗号，将上市公司和集团公司的钱混在一起，其实质是一种灰色操纵。这种现象实际已经非常普遍，有业内人士说，部分企业集团在招标现金管理业务时，会将银行是否能够解决“两头函证”作为选择的依据。而随着我国银行数量的增加，银行业竞争日趋激烈，部分银行为争夺上市公司资源而选择提供这种灰色操纵业务。

由此可见，我国的银行治理机制较差，没有很好地发挥其作为第三方对资本市场的监督治理作用，反而扮演了“助纣为虐”的角色。事实上，正如审计师事务所的收入主要来源于从上市公司拿的审计费那样，银行相当一部分的收入也来源于为上市公司这样的大客户提供服务赚取的服务费，只要银行和上市公司存在非常密切的共同利益关系，银行要做到完全独立是十分困难的。国家应该出台何种政策，引领银行独立于上市公司，从而更好地规范上市公司的行为、保证资本市场的健康运行，是一个值得深思的问题。

2.3.2 康美药业财务造假事件

1. 康美药业财务造假案件始末

在康美药业财务造假案曝出之前，从康美药业的各年年报中可以看出，康美药业同样存在存贷双高的异象。见表2-7，从2015—2017年（修正前），康美药业货币资金占比在40%～50%之间，有息负债占比也均超过20%。同时，康美药业资金收益率偏低，而债务融资成本较高，同时持有高额货币资金和高额负债使康美药业承担过多不必要的成本，不符合企业正常经营的规律。

表2-7 康美药业货币资金收益率与短期融资成本

	2015年度	2016年度	2017年度（修正前）	2017年度（修正后）	2018年度
期末货币资金	15818341613.15	27325140365.21	34151434208.68	4207124387.23	1839201190.32
期末总资产	38105229314.85	54823896576.81	68722020630.61	65292951329.52	74627937566.57
货币资金占比	41.51%	49.84%	49.70%	6.44%	2.46%
平均货币资金	12901805413.72	21571740989.18	30738287286.95	19179279297.96	3023162788.78
利息收入	165495697.68	181268747.96	269468711.33	41228748.50	17953811.34
资金收益率	1.28%	0.84%	0.88%	0.21%	0.59%
利息支出	416380537.03	1091925049.43	1209138668.42	1208001531.07	1736557981.15
有息负债总额	9485439073.79	13078604959.65	22176940177.52	22176940177.52	29039984782.15
有息负债占比	24.89%	23.86%	32.27%	33.97%	38.91%
债务融资成本	4.39%	8.35%	5.45%	5.45%	5.98%

2018年12月28日，康美药业收到中国证券监督管理委员会的《调查通知书》，被立案调查。康美药业因此开始对本公司进行自查，在自查过程中发现2017年年报中存在“会计差错”，并在2018年年报中对2017年年报进行了重述。修正前的2017年年报中，康美药业货币资金高达341.51亿元，而重述后，2017年实际货币资金持有量仅为42.07亿元，将近300亿的货币资金不翼而飞，康美药业给出的解释却是“会计差错”，显然是对投资者的恶意欺骗行为。

见表2-8，除货币资金外，康美药业还修正了2017年利润表中虚增的营业收入，现金流量表中的销售商品、提供劳务收到的现金。与货币资金的减少相伴随的是存货和其他应收款等项目的增加，这显然是公司控股股东为填补300亿元货币资金亏空所做的努力。为了填补这将近300亿元的巨额窟窿，公司实际控制人拿出了195.46亿元的存货，6.41亿元的应收账款，6.31亿元的在建工程，3.52亿元的固定资产、无形资产和其他长期资产，合起来有211.7亿元，剩下近90亿是在无法弥补，只好列为大股东暂借款。其中：以普宁市康淳药业有限公司名义暂借32.5亿元；以普宁康都药业有限公司名义暂借56.29亿元。数字并不完全吻合，但大致已经非常接近了。而这88.79亿元的大股东暂借款，也被负责审计的广东正中珠江会计师事务所出具了保留意见，其真实性和可收回性备受质疑。这88.79亿元的大股东借款，很可能被大股东关联方拿走用于买卖本公司股票。

表 2-8　　　　康美药业 2017 年报表更正前后比较

受影响的各比较期间报表项目名称	2017 年度更正前金额	2017 年度受影响的各比较期间	2017 年度更正后金额
资产负债表项目			
货币资金	34151434208.68	-29944309821.45	4207124387.23
应收账款	4351011323.40	641073222.34	4992084545.74
应收利息	47190356.13	-47190356.13	0.00
其他应收款	180323027.94	5713820971.90	5894143999.84
存货	15700188439.34	19546349940.99	35246538380.33
在建工程	1084519812.47	631600108.35	1716119920.82
递延所得税资产	261001505.68	29586632.91	290588138.59
其他应付款	1603455877.02	190545991.67	1794001868.69
盈余公积	1882478621.90	-361961529.28	1520517092.62
未分配利润	10985258959.65	-3257653763.48	7727605196.17
利润表项目			
营业收入	26476970977.57	-8898352337.51	17578618640.06
营业成本	18450146871.00	-7662129445.53	10788017425.47
销售费用	740581081.08	497164407.18	1237745488.26
财务费用	969264876.00	228239962.83	1197504838.83
资产减值损失	92280215.15	-12396935.10	79883280.05
所得税费用	732053848.25	1859540.27	733913388.52
现金流量表项目			
销售商品、提供劳务收到的现金	28766131827.76	-10299860158.51	18466271669.25
收到其他与经营活动有关的现金	943030295.93	137667804.27	1080698100.20
购买商品、接受劳务支付的现金	24324394786.49	-7301340657.76	17023054128.73
支付其他与经营活动有关的现金	924659143.70	3821995147.82	4746654291.52
购建固定资产、无形资产和其他长期资产支付的现金	1795351236.12	352392491.73	2147743727.85
收到其他与筹资活动有关的现金	361587400.00	-360457000.00	1130400.00

2. 康美药业财务造假案各关联方分析

（1）康美药业控股股东——康美实业投资控股有限公司。

康美药业的控控股股东为康美实业投资控股有限公司，同康得投资集团一样，康美实业投资控股有限公司也连续多年保持很高的股权质押比例。见表2-9，康美实业投资控股有限公司今年来股权质押比例高达90%左右，康美实业投资控股有限公司的股权大部分被质押，说明该公司存在融资约束，这使得其存在占用上市公司资金的动机。

表2-9　康美药业控股股东——康美实业投资控股持股及股权质押情况

	2015年度	2016年度	2017年度	2018年度
持股比例	30.42%	31.27%	32.98%	31.91%
持股数量	1337748548	1547172631	1640380978	1637016058
质押数量	1232790000	1442214083	1438894083	1629349163
质押比例	92.15%	93.22%	87.72%	99.53%

由图2-6可知，康美实业投资控股有限公司是康美药业股份有限公司的控股股东，而马兴田又持有康美实业投资控股有限公司近乎100%的股权，因此马兴田为康美实业投资控股有限公司的实际控制人。根据天眼查网站上的信息，见表2-10，康美实业投资控股有限公司实际控制人马兴田手下共有14家公司，去除已被注销或处于吊销状态的还有9家。在这9家中，有5家为从事投资、基金、贷款等金融相关的公司，这大大增加了实际控制人马兴田挪用上市公司资金进行其他投资的可能性。

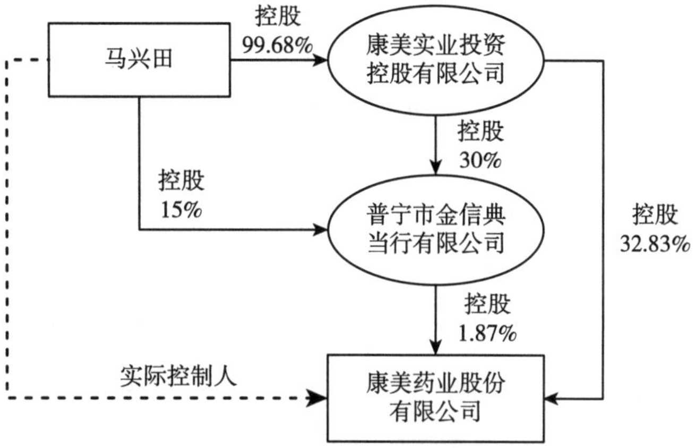

图2-6　康美药业股份有限公司股权穿透图

表 2－10　康美实业投资控股有限公司实际控制人马兴田旗下公司

序号	企业名称	职位	经营状态
1	浙鑫财富（杭州）股权投资有限公司	曾任职	存续
2	康美健康云服务有限公司	法人，董事，董事长	存续
3	深圳市同心投资基金股份公司	股东	存续
4	普宁市汇金小额贷款有限责任公司	监事长	存续
5	康美药业股份有限公司普宁市科技工业园中药生产第二基地	法人，负责人	存续
6	康美药业股份有限公司普宁市科技工业园中药生产第一基地	法人	存续
7	普宁市金信典当行有限公司	法人，股东，执行董事	在业
8	康美药业股份有限公司文竹药店	法人	注销
9	康美药业股份有限公司	法人，董事长，总经理	在业
10	康美实业投资控股有限公司	法人，股东，未知，执行董事	在业
11	普宁市康美实业有限公司	股东	注销
12	广东省康美药业有限公司	法人，董事长，总经理	吊销，未注销
13	普宁市金信典当行	法人	注销
14	普宁市康美保健品有限公司	法人，董事长	吊销，未注销

（2）负责审计康美药业的会计师事务所——广东正中珠江会计师事务所。

2019 年 5 月 17 日，证监会通报了康美药业案件的调查进展，并初步查明康美药业 2016—2018 年的年报披露中存在重大虚假，涉嫌违反《证券法》第 63 条中的相关规定。负责审计康美药业的广东正中珠江会计师事务所并未在审计意见报告中披露康美药业财报中出现的问题，且对康美药业 2016 年和 2017 年的财报均出具了标准无保留的审计意见，虽然其针对 2018 年的财报出具了保留意见，但也是迫于证监会对康美药业立案调查的压力。广东正中珠江会计师事务所在其审计意见报告中，把“中国证券监督管理委员立案调查事项”作为对康美药业 2018 年财报出具保留意见的第一条，这显然是本末倒置的。会计师事务所本身的职责就是审计公司的财务报告是否存在错报、漏报，是否如实反映公司的情况，从而对公司起到监督和治理的作用。而在康美药业的这一事件中，广东正中珠江会计师事务所扮演的角色似乎是协助康美药业隐瞒其真实情况，直到事件败露才迫于压力披露康美药业财报的真实情况。广东正中珠江会计师事务所涉嫌未勤勉尽责，已经被证监会立案调查。

（3）协助抑或不知情？——银行的监督缺失。

不同于康得新爆雷事件，在康美药业的财务造假案中，银行的角色似乎并不突出，但事实上，康美药业财务造假案中的银行同样具有不可推卸的责任。证监会在通报康美药业案调查进展中指出康美药业主要存在三点违规行为：一是使用虚假银行单据虚增存款，二是通过伪造业务凭证进行收入造假，三是部分资金转入关联方账户买卖本公司股票。从证监会通报的结果中我们可以看出，康美药业造假货币资金的主要手法是使用虚假银行单据，这一过程似乎并不需要银行的参与，康美药业和广东正中珠江会计师事务所联手也可以瞒天过海。但根据以往的造假银行单据的案件，银行是存在配合的，一种情况是这些虚假存单被拿到银行反复质押，得以滚动；另一种情况是银行有时甚至会配合企业出具虚假存单。若是银行参与其中，上市公司货币资金的造假会变得非常容易，本是用于审查的函证程序也会失效，事实上，当前很多会计师事务所的询证函都只是程序性的，会计师事务所只关心能不能收回询证函，根本不试图进一步分析其背后的资金真实情况。在我国银行业竞争的背景下，银行配合的事件也极可能发生，没有话语权的小银行为争夺上市公司资源很可能铤而走险，配合上市公司造假银行单据的行为。在康美药业财务造假案件中，银行究竟扮演了什么角色？是因为上市公司和会计师事务所的联手合作而无法知晓，还是参与其中、协助上市公司进行造假？无论是哪一种情形，银行都没有发挥其监督功能，存在无可推卸的责任。

从康得新爆雷事件和康美药业财务造假案中我们可以看出，当前我国银行治理机制较差，银行不但没有发挥其监督治理效应，有时反而扮演了“助纣为虐”的角色。事实上，正如审计师事务所的收入主要来源于从上市公司拿的审计费那样，银行相当一部分的收入也来源于为公司提供服务所赚取的服务费，而像上市公司这样的大客户，更是支撑银行收入的主要来源。所谓“吃人嘴软，拿人手短”，银行在这种情况下很难做到完全独立。因此，国家应进一步规范银行行为，通过出台相关政策和法律法规保障银行真正独立于上市公司，使得银行更好地发挥其作为第三方对上市公司的监督治理功能，从而促进我国资本市场健康运行。

2.4 民营公司参股银行历程

我国政府制定了大量关于民营公司参股银行的法律法规。依照我国政府在法律法规中对民营公司参股银行的态度，本书将民营公司参股银行的历程分为三个阶段：1994—2003 年的“不反对”阶段，2003—2013 年的“鼓励”阶段，2013 年之后的“支持”阶段。图 2－7 简略描述了每一阶段的关键法规和政策。

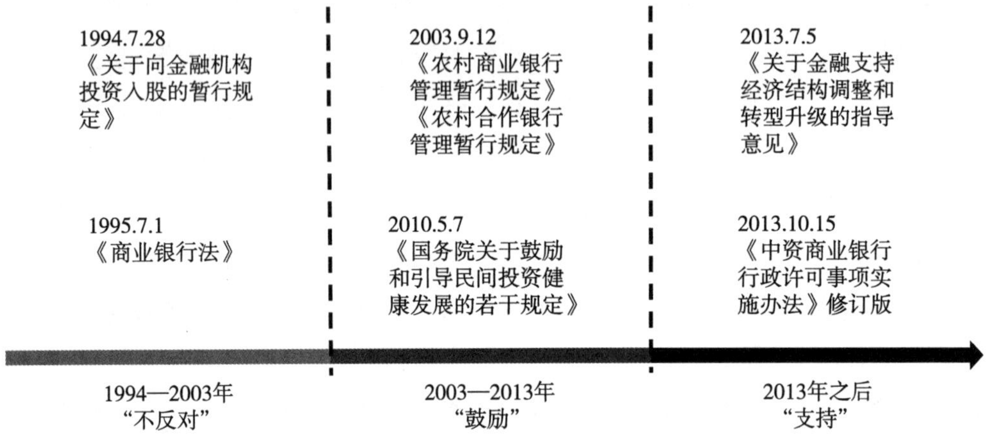

图 2－7 我国政府关于民营公司参股银行的态度变化

在 1994—2003 年的第一阶段，政府对民营公司参股银行的态度是“不反对”。1994 年 7 月 28 日，中国人民银行发布了《关于向金融机构投资入股的暂行规定》，指出工商企业在满足一定条件下可以向金融机构投资，其仅规定外资和中外合资企业不得向中资金融机构投资，并未限制民营企业参股金融机构。1995 年 7 月 1 日实施的《中华人民共和国商业银行法》也没有禁止民营企业参股商业银行。

在 2003—2013 年的第二阶段，政府开始“鼓励”民营公司参股银行，同时允许民间资本发起设立金融机构。2003 年 9 月 12 日，银监会发布了《农村商业银行管理暂行规定》和《农村合作银行管理暂行规定》，允许辖内农民、农村工商户、企业法人和其他经济组织入股成立农村商业银行和农村合作银行。2006 年 12 月 28 日，银监会发布《中资商业银行行政许可事项实施办法》，允许符合条件的境内非金融机构作为发起人设立股份制商业银行。2010 年 5 月 7 日，《国务院关于鼓励和引导民间投资健康发展的若干规定》明确指出，支持民间资本以入股方式参与商业银行的增资扩股，参与农村信用社、城市信用社的改制工作。鼓励民间资本发起或参与设立村镇银行、贷款公司、农村资金互助社等金融机构。可以看出，在这一阶段，法规不仅鼓励民营企业参股银行，还允许其直接发起设立银行。

综合上述两个阶段的法律法规，民营公司参股银行始终不存在“资本准入”障碍，即政府一直允许民营资本入股原有金融机构，2003 年之后似乎也不存在“机构准入”障碍，即政府允许民营资本成立新的民营银行。但事实上，由于各种“弹簧门”和“玻璃门”的存在，民营银行政策并没有真正得到落实，民营资本投资银行面临事实上的“机构准入”障碍。

在 2013 年之后的第三阶段，政府开始积极“支持”民营企业参股银行，期间也批准民营资本直接发起设立民营银行。2013 年 7 月 5 日，国务院办公厅发布了《关于金融支持经济结构调整和转型升级的指导意见》，明确鼓励民间资本投资入股金融机构和参与金融机构重组改造。随后，2013 年 9 月 29 日，银监会发布了《关于中国（上海）自由贸易试验区银行业监管有关问题的通知》，明确提出支持符合条件的民营资本在区内设立自担风险的民营银行、金融租赁公司和消费金融公司等金融机构。支持符合条件的民营资本参股与中、外资金融机构在区内设立中外合资银行。2013 年 10 月 15 日，银监会发布了新修订的《中资商业银行行政许可事项实施办法》，对民营银行的设立办法、业务范围以及破产清算做出了明确规定，标志着民营银行设立已不存在制度障碍。2013 年 11 月召开的党的十八届三中全会审议通过了《中共中央关于全面深化改革若干重大问题的决定》，宣布允许具备条件的民间资本依法发起设立中小型银行等金融机构。2014 年 7 月 25 日，银监会主席尚福林透露，银监会已正式批准前海微众银行、温州民商银行和天津金城银行筹建民营银行。政府密集出台支持民营银行的法律法规，以凸显其积极推动银行业改革的决心。可见，在这一阶段，政府已经准许民营资本直接发起设立股份制银行，民营资本投资银行也不再面临“机构准入”障碍。

综上，虽然 2013 年民营企业参股银行所面临的“机构准入”障碍才被彻底清除，但民营企业参股银行始终不存在“资本准入”障碍，在法规逐渐放宽的过程中，民营企业参股银行的案例也越来越多。据本书统计，截至 2013 年底，共有 122 家民营上市公司参股银行（以参股比例超过 1% 为准），其中既包含股份制商业银行、城市商业银行和城市信用社等大型银行，也包含农村商业银行、农村合作银行、农村信用社和村镇银行等小型银行。

2.5 公司参股银行法规的跨国比较

根据世界银行发布的银行监管调查（*Bank Regulation and Supervision*，2003），全球 73 个国家和地区均没有禁止公司参股银行，其中有 8 个国家对公司参股银行没有任何限制，如英国、新西兰、巴西等。其他多数国家对公司参股银行的行为设置了一定条件，如参股银行需要获得政府授权或限制公司参股银行的比例。祝继高（2012）基于世界银行的调查数据，对世界各国公司与银行交叉持股的行为进行了对比。

针对公司参股银行，各个国家的法律规定均不相同。在美国，任何个人或公司持有银行股权比例超过 25% 时必须通知联邦监管机构。若银行为上市公司或其他股东持股比例均低于 10% 时，个人或公司持股银行比例超过 10% 时也必须书面通知监管机构。在韩国，单一公司持股银行的比例不得超过 4%，以避免公司控制银行。如果公司满足一定的财务要求，其持股比例可以达到 10%，但超过 4% 的部分不享有投票权。在泰国，个人持有银行股权比例不得超过 5%，但泰国的家族企业会通过复杂的股权安排来合法控制金融机构（Charumilind，Kali and Wiwattanakantang，2006）。在墨西哥，1987 年的银行私有化改革使政府将银行股权全部出售给公司。此外，法律虽然规定单个公司最多可以持有 10% 的银行股权，但墨西哥企业集团会利用多家公司对银行进行控制。

第 3 章　民营公司参股银行的经济后果分析

3.1　问题的提出

近年来，国务院和银监会不断出台政策支持民营资本参与商业银行增资扩股，鼓励其发起或参与设立村镇银行等金融机构。2013 年又进一步允许具备条件的民营资本直接发起设立中小型银行等金融机构。前海微众银行、温州民商银行和天津金城银行均于 2014 年获批设立。政府积极推进民营资本涉足银行业在上市公司中掀起轩然大波。据本书统计，仅 2013 年，就有 26 家民营上市公司宣告参股商业银行。截至 2013 年底，共有 122 家民营上市公司参股银行（以参股比例超过 1% 为准），其中既包含股份制商业银行、城市商业银行和城市信用社等大型银行，也包含农村商业银行、农村合作银行、农村信用社和村镇银行等小型银行。可见，民营公司参股商业银行的现象已经蔚然成风。

民营公司参股银行的现象虽然已经较为普遍，但相关研究却十分匮乏。Lu，Zhu and Zhang（2012）发现，民营公司面临“信贷歧视”问题，其更倾向于通过参股银行缓解公司融资约束，且参股银行的民营公司融资成本更低，现金持有也更少，当货币政策从紧时依然能获得更多短期借款，经营绩效也更好。陈栋和陈运森（2012）还发现，参股银行公司现金持有水平更低，现金调整更平缓，且当货币政策更紧时，参股银行公司会通过经营活动和筹资活动调整现金持有，并保持较高的资本支出。可见，已有研究均从缓解公司融资约束的视角强调了公司参股银行的积极作用。本书认为，参股银行虽可帮助公司获得更多银行借款，缓解公司融资约束，但参股银行公司获得的银行借款与未参股银行公司获得的银行借款存在本质差异。

对于未参股银行公司获得的银行借款，公司获得借款即意味着其通过了银行的贷款审批程序，即银行发挥了对公司的信息筛选作用（Allen，1990）；公司获得借款后，银行还会通过债务契约条款来约束公司管理层的自利行为，一旦公司发生债务违约，银行还会接管公司，进一步发挥其对公司的监督作用（Smith and Warner，1979）。可见，银行通过事前的信息筛选和事后的积极监督减少了公司的逆向选择和道德风险，从而发挥了其作为债权人的公司治理作用。

对于参股银行公司获得的银行借款，由于公司和银行之间并不独立，公司可以利用股东权力向所持银行施压以获得银行借款，导致银行借款无法有效发挥其公司治理作用。一方面，当公司参股银行时，公司会被当作银行内部人，银行在审批贷款时所执行的审查标准就可能降低，使公司可以获得更多银行借款（Laeven，2001；Charumilind，Kali and Wiwattanakantang，2006；La Porta，Lopez－De－Silanes and Zamarripa，2003），导致银行借款在事前无法发挥对公司的信息筛选作用；另一方面，银行与持有其股权公司所签订的债务契约条款更为宽松，导致债务契约对公司管理层自利行为的约束减少，甚至当公司出现经营困难而无法按期偿还借款时，银行也会对贷款进行展期。可见，参股银行会降低银行作为债权人对公司所发挥的治理作用。

可见，银行可以发挥公司治理作用的前提是债务契约具有硬约束，而当公司参股银行时，公司可以利用股东权力向所持银行施压以获得借款，导致公司的银行债务契约实际是“软约束”的。这非常类似于 Kornai（1979，1980）针对社会主义国家的国有银行和国有企业绩效较差而提出的“预算软约束”理论。他们指出，在苏联和东欧等社会主义经济体制中，公司大都被政府控制，当公司出现经营困难而无法按期还本付息时，政府就会对其进行救助，即公司存在“软预算约束”。当公司预期到其发生财务困境时就会被救助，管理层也就不会努力去提升公司业绩，从而放任公司陷入困境。田利辉（2005a）发现，当国有公司和国有银行拥有共同的国家所有权时，其诱发的“预算软约束”问题导致债务融资不能发挥公司治理作用。

现实中不乏参股银行公司通过向所持银行施压以获取银行借款的案例。2007 年 1 月 5 日，民生银行公告称：光彩置业（民生银行股东卢志强的控股子公司）以光彩国际公寓 1.49 万平方米的房产作抵押，获得 3.5 亿元的重组贷款。该笔关联贷款存在三大疑点：其一，光彩国际公寓销售均价为 1.6 万元，即所抵押房产的价值仅为 2.4 亿元，但却获得了 3.5 亿元贷款；其二，截至 2006 年 6

月底，光彩置业总资产为9.05亿元，净资产为1.24亿元，净利润仅有474万元。公司获得该笔贷款后，资产负债率达到90.1%，一年贷款利息为2356万元，公司将直接陷入亏损；其三，根据《商业银行与内部人和股东关联交易管理办法》规定："商业银行的一笔关联交易被否决后，在六个月内不得就同一内容的关联交易进行审议"。但2006年10月该笔贷款方案被否后，三个月后就重新对其审议并获批[①]。可见，当公司参股银行时，银行可能被迫接受公司的借款申请，导致银行不能有效发挥公司治理作用。

基于上述分析，本书认为，当公司参股银行时，公司的银行债务契约实际是"软约束"的，导致银行作为债权人无法有效发挥其对公司的治理作用。由此，本书研究公司参股银行对公司可能产生的负面经济后果。具体地，本书将从以下几个方面展开分析：首先，本书从参股银行导致债权人治理弱化的视角分析参股银行导致公司产生负面经济后果的原因；其次，本书从公司会计稳健性、盈余持续性、会计业绩和公司价值的角度分析参股银行的负面经济后果；最后，本书进一步分析不同条件下（公司所持银行股权特征和公司所处外部环境）债权人治理作用的差异，并研究该差异对公司参股银行经济后果的影响。

3.2　公司参股银行与债权人治理

当信贷市场存在信息不对称时，在获得银行借款前，公司可能会美化经营业绩，甚至财务造假；在获得银行借款后，公司还可能进行高风险的投资项目。为解决信贷市场的信息不对称，识别高低质量的公司，银行需要制定完备的信贷管理政策。银行的信贷管理政策往往包含事前和事后两个部分：首先，在决定向公司提供贷款前，银行会根据公司的财务状况、行业状况、股东背景等信息综合确定公司的资信等级，以便决定是否向公司发放贷款，如果公司达到银行借款标准，银行再确定借款金额、借款利率、借款期限、是否需要抵押等具体条款；其次，当银行向公司提供贷款后，银行会对公司进行定期或不定期的贷后审查，以确定是否要继续发放贷款或提前收回贷款，以防止不良贷款发生。

---

① 见2007年3月19日《财经》杂志的专题报道"民生银行42亿关联贷款曝光"。

Shleifer and Vishny（1997）将银行对公司的监督作用与大股东或控制权市场所发挥的公司治理作用进行类比，称其为银行作为债权人的公司治理作用。

已有大量研究发现，银行可以发挥积极的公司治理作用（Fama，1985；Shleifer and Vishny，1997；Diamond，1991b）。银行的公司治理作用不仅体现在其可以通过事前的信息筛选确定潜在优质客户，从而减少公司的逆向选择问题（Allen，1990），还体现在其可以通过事后的积极监督确保公司正确投资，从而减少公司的道德风险问题（Diamond，1984）。

本书强调，银行能够发挥公司治理作用的前提是银行债务契约具有硬约束，而公司参股银行会大大降低银行债务契约的硬约束。一方面，当公司参股银行时，公司会被当作银行内部人，银行在审批贷款时所执行的审查标准就可能降低，使公司可以获得更多银行借款（Laeven，2001；Charumilind，Kali and Wiwattanakantang，2006；La Porta，Lopez - De - Silanes and Zamarripa，2003），导致银行借款在事前无法发挥对公司的信息筛选作用；另一方面，银行与持有其股权公司所签订的债务契约条款会更宽松，导致债务契约对公司管理层自利行为的约束减少，甚至当公司出现经营困难而无法按期偿还借款时，银行也会对贷款进行展期。

可见，当公司参股银行时，银行债务契约对公司的约束实际是软的，即银行无法发挥对公司的治理作用。当银行作为债权人不能发挥其对公司的治理作用时，公司管理层的自利行为就更强，更可能为自己发放更多薪酬。已有文献也指出，管理层薪酬业绩敏感性是衡量公司治理水平的重要指标，管理层薪酬与业绩的敏感性越高，公司治理水平也越高（Murphy，1999；Ke，Rui and Yu，2012）。刘慧龙（2017）发现，金字塔企业的控制链越长，高管的薪酬业绩敏感性越低，表明当高管的代理问题越严重时，高管的薪酬业绩敏感性也较差。这种现象在高管持股和国有控股企业中较弱。

现有研究从多个维度分析了高管薪酬契约的影响因素（Baker，Jensen and Murphy，1988；Murphy，1999；Murphy，2013），具体包括公司自身特征（Mcguire，Chiu and Elbing，1962；Murphy，1985；方军雄，2009；姜付秀，朱冰和王运通，2014；潘红波和余明桂，2014；林钟高，郑军和汤谢莹，2014；苏冬蔚和熊家财，2013）、公司股权特征（刘善敏和林斌，2011；Wang and Xiao，2011；Cao，Pan and Tian，2011）、董事会特征（张天舒，2013；林乐，谢德仁和陈运森，2013）、薪酬支付方式（Jensen and Murphy，1990a；Jensen and Murphy，1990b；

Murphy and Welch，1992；Murphy，2003；Hall and Murphy，2003）、内部控制（卢锐，柳建华和许宁，2011）、党组织治理（马连福，王元芳和沈小秀，2013）、冗余雇员（张敏，王成方和刘慧龙，2013）、高管特征（耿云江和王明晓，2016；李四海，江新峰和宋献中，2015；夏宁和孟焰，2014）、企业投资（卢锐，2014）、资金超募（张路和张瀚文，2017）、私募股权投资（王会娟和张然，2012）、媒体关注（杨德明和赵璨，2012；罗进辉，2018）、行业因素（Mcguire and Rapping，1966）、市场化进程（辛清泉和谭伟强，2009）、股权分置改革（陈胜蓝和卢锐，2012）、外部反腐败治理（晏艳阳和乔嗣佳，2018）、薪酬管制（Chen，Li，Su and Yao，2012；陈冬华，陈信元和万华林，2005；徐玉德和张昉，2018）、混合所有制改革（蔡贵龙，柳建华和马新啸，2018）等，但尚未有研究从银行治理的角度对此进行分析。

基于以上分析，本书从银行治理的角度分析参股银行对公司管理层薪酬契约的影响。具体地，本书认为，当公司参股银行时，银行不能发挥对公司的治理作用，公司管理层的薪酬业绩敏感性会下降。由此，本书提出假设 H1：

H1：相对未参股银行公司，参股银行公司管理层薪酬业绩敏感性更低。

3.3　公司参股银行与公司会计稳健性

会计稳健性是指，相对会计收益，公司会更及时地确认会计损失的会计现象（Basu，1997）。针对债务融资和公司会计稳健性的关系，已有研究从两个方面对此进行了讨论。一方面，当公司向债务人申请贷款时，债权人为保障债务契约的效率，会要求公司提高会计稳健性，以减少公司与债权人银行之间的代理冲突。Peek，Cuijpers and Buijink（2010）认为，相对公开上市公司，私营公司中债权人和股东的代理冲突较弱，债权人对会计稳健性的要求也相对较低。Jayaraman and Shivakumar（2013）指出，限制兼并收购法案的出台降低了管理层机会主义行为的成本，加剧了债权人和管理层的代理冲突，从而提高债权人对公司会计稳健性的需要。Haw，Lee and Lee（2014）发现，公司信息不对称较高时，债权人面临的代理成本较高，其对公司会计稳健性的要求也较高。另一方面，债权人也会通过债务契约约束公司的机会主义披露行为，从而提供公司会计稳健性。Nikolaev（2010）发现，公司公开发行的债务附加条款越多，其会计政策越稳健。Tan（2013）认为，公司触发违约条款后，债券人会获取更多公司经营信息，并实施更为严格的监督以避免后续损失，其对公司会计稳健性的要求也随之提高。可见，债务契约能起到提高公司会计稳健性的作用。

现有研究从多个角度分析了公司会计稳健性的影响因素（Xu and Lu，2008；Ruch and Taylor，2015），比如高管薪酬激励（Kwon，2005；Lafond and Roychowdhury，2008）、公司治理（孙铮，刘凤委和汪辉，2005；Xia and Zhu，2009；Lara，Osma and Penalva，2009；Caskey and Laux，2016）、董事会特征（Ahmed and Duellman，2007；陈德球，钱菁和魏屹，2013）、独立董事特征（赵德武，曾力和谭莉川，2008）、审计师特征（Li，2010；陈小林，张雪华和闫焕民，2016）、审计委员会特征（Krishnan and Visvanathan，2008）、机构投资者特征（Ramalingegowda and Yu，2012；Cheng，Huang and Li，2015）、客户和供应商特征（Hui，Klasa and Yeung，2012；王雄元和刘芳，2014）、员工薪酬（Shen，Liang and Chen，2013）、高管过度自信（Ahmed and Duellman，2013）、高管性别因素（Francis，Hasan，Park and Wu，2015）、债务契约特征（Nikolaev，2010；雷宇，2012；Li，2013；Tan，2013；Haw，Lee and Lee，2014；Khurana and Wang，2015；王艳艳，于李胜和王晓珂，2014；Deng，Li，Lobo and Shao，2018；赵刚，梁上坤和王玉涛，2014；饶品贵和姜国华，2011）、会计盈余重述（Ettredge，Huang and Zhang，2012）、企业的所有权特征（Chen，Chen，Lobo and Wang，2010）、法律因素（Cheng，Duru and Zhao，2017）、国家文化因素（Kanagaretnam，Chee and Lobo，2014）等，但尚未有研究从银行治理的角度对此进行分析。

基于以上分析，本书从银行治理的角度分析参股银行对公司的会计稳健性的影响。具体地，本书认为，参股银行公司的会计稳健性会变差。一方面，参股银行公司会被当做银行内部人，其可以通过影响银行随时获取更多银行贷款（Laeven，2001；Charumilind，Kali and Wiwattanakantang，2006；La Porta，Lopez－De－Silanes and Zamarripa，2003），导致公司为获得银行贷款而提高会计稳健性的激励大大降低；另一方面，公司参股银行后，其相对银行的谈判能力增加，公司与银行签订的债务契约条款更为宽松，也不利于公司会计稳健性的提高。由此，本书提出假设H2：

H2：相对未参股银行公司，参股银行公司的会计稳健性更差。

3.4　公司参股银行与公司盈余持续性

盈余持续性是公司盈余的一个重要属性，反映了公司未来盈余的信息（Li，2008），是公司管理层和股票市场投资者十分关注的会计盈余属性（Dechow，Ge and Schrand，2010）。公司参股银行会影响公司盈余的持续性。

与其他金融中介相比，银行普遍被认为具有更强的信息优势，使其能够更好地筛选和监督贷款对象。首先，相对于其他贷款人，银行实际上是内部贷款人，其可以通过占据董事会席位或在借贷过程中监督公司获取公司私有信息，从而更好地对贷款对象进行筛选和监督（Fama，1985）；其次，与公司债券由众多投资者持有不同，银行贷款由银行集中持有，其会强化银行对债务人的监督激励（Rajan，1992；Amihud，Garbade and Kahan，1999）。可见，银行可以对公司发挥积极的公司治理作用。

本书认为，银行借款具有公司治理作用的前提是债务融资具有硬约束，其不仅体现在银行可以不给未达到贷款标准的公司贷款，还体现在公司发生债务违约后，银行可以迫使公司进行破产清算或将控制权转移给自己。然而，当公司参股银行时，负债融资的硬约束机制就大大削弱。一方面，公司会被当作银行内部人，使其可以通过影响银行随时获取更多银行贷款（Laeven，2001；Charumilind，Kali and Wiwattanakantang，2006；La Porta，Lopez - De - Silanes and Zamarripa，2003）；另一方面，即使当公司出现经营困难而无法按期偿还借款时，银行也可能被迫给予展期或提供更多贷款。可见，当公司参股银行时，与Kornai（1998）提出的“预算软约束”理论类似，公司的银行债务契约也是“软约束”的，导致银行不能对公司发挥有效的治理作用。

现有研究从多个角度分析了公司的会计盈余持续性的影响因素（Frankel and Litov，2009），比如股东特征（窦欢和陆正飞，2017）、内部控制缺陷（肖华和张国清，2013；宫义飞和谢元芳，2018）、信息可靠性（彭韶兵和黄益建，2007；彭韶兵，黄益建和赵根，2008；张国清和赵景文，2008）、企业避税（Blaylock，Shevlin and Wilson，2012；Atwood，Drake and Myers，2010）、年报可读性（Li，2008；Bloomfield，2008）、审计意见（Subramanyam and Wild，

1996)、行业因素(Chen, Jin and Xiao, 2013)、经济周期(Li, Wang and Rong, 2013)、信息披露制度变迁(孟焰,袁淳和高雨,2010;陆宇建和蒋玥,2012;Kang, Krishnan, Wolfe and Yi, 2012)、股权分置改革(申慧慧,黄张凯和吴联生,2009)、政策监管因素(Hung, Jiang, Liu and Tu, 2018)等,但尚未有研究从银行治理的角度对此进行分析。

基于以上分析,本书从银行治理的角度分析公司参股银行对公司盈余持续性的影响。具体地,本书认为,公司参股银行会导致银行不能有效发挥公司治理作用,其会降低公司经营效率,增加公司盈余波动性,造成公司盈余持续性变差。由此,本书提出假设 H3:

H3:相对未参股银行公司,参股银行公司的盈余持续性更差。

3.5 公司参股银行与会计业绩、公司价值

已有大量研究发现,银行可以对公司发挥积极的治理作用,最终提升公司价值。James(1987)发现,公司宣告获得银行借款时的市场反应显著为正。Lummer and Mcconnell(1989)将银行借款分为“新增借款”和“续新借款”两类,发现市场对“续新借款”公告有积极反应,对“新增借款”公告没有反应。这是因为,前者经过银行的持续检验,而后者没有,导致银行的监督效应较弱。Slovin, Johnson and Glascock(1992)发现,小企业的“新增借款”和“续新借款”均有显著为正的市场反应。可见,银行确实通过信息筛选和积极监督提高了公司价值。

银行发挥公司治理作用依赖于银行与公司签订的债务契约,该契约会通过各种形式的契约条款实现对公司的有效监督,从而提升公司价值。首先,银行债务契约要求借款人定期还本付息,从而大大减少了管理层可控的自由现金流(Jensen, 1986);其次,当公司发生债务违约时,银行债务契约还赋予债权人接管公司的权利,从而减少了公司的逆向选择和道德风险(Smith and Warner, 1979);最后,银行债务契约还可能限制公司过度支付股利,帮助公司解决存在投资机会时的投资不足问题(Myers, 1977;Kalay, 1982)。可见,具有硬约束的银行债务契约可以提高公司价值。

本书认为,当公司与银行之间相互独立时,银行债务契约具有硬约束,银

行可以有效发挥公司治理作用。然而，当公司参股银行时，负债融资的硬约束机制就大大削弱。Kornai（1979，1980）指出，在苏联和东欧等社会主义经济体制中，企业大都被政府控制，当企业出现经营困难而无法按期还本付息时，政府就会进行救助，即“软预算约束”。针对参股银行公司，其银行债务契约也会产生“软约束”问题。一方面，参股银行公司会被当作银行内部人，银行在审批贷款时所执行的审查标准会有所降低，使公司可以获取更多银行借款（Laeven，2001；Charumilind，Kali and Wiwattanakantang，2006；La Porta，Lopez - De - Silanes and Zamarripa，2003）；另一方面，当公司出现经营困难而无法按期偿还借款时，银行也会给予展期或提供更多贷款。可见，当公司参股银行时，公司的银行债务契约实际是“软约束”的，导致银行不能对公司发挥有效的治理作用，造成公司价值下降。

基于以上分析，本书从银行治理的角度分析公司参股银行对公司价值的影响。具体地，本书认为，与未参股银行公司相比，公司参股银行会削弱银行对公司的治理作用，导致公司价值下降。由此，本书提出假设 H4：

H4：相对未参股银行公司，参股银行公司的会计业绩和公司价值更低。

3.6　不同条件下债权人治理作用的差异

3.6.1　参股银行比例高低对债权人治理作用的影响

参股银行比例高低对债权人治理作用的影响不同，对公司造成负面影响的程度也不同。根据第 4 章图 4 - 1 所示，公司参股银行的比例有较大差异，从 1% 到 10% 不等，部分样本的参股比例还超过 10%。当公司参股银行的比例较高时，公司相对银行的话语权越大，导致公司银行债务契约的“软约束”问题越严重，银行越无法有效发挥对公司的治理作用，其会对公司产生更严重的负面影响。由此，本章提出假设 H5a：

H5a：与未参股银行公司相比，参股银行比例更高的公司债权人治理作用更弱，对公司产生的负面影响更严重。

3.6.2 参股大小银行对债权人治理作用的影响

参股大小银行对债权人治理作用的影响不同，从而对公司也产生了不同的影响。已有研究发现，大银行和小银行的代理链条长短不同，它们各自为减少代理成本所构建的组织层级也不同，最终导致两者在贷款审批过程中的决策方式也有差异。Elyasiani and Goldberg（2004）指出，小银行负责贷款审批的员工与银行所有者保持着紧密联系，或者自身就是银行所有者；大银行往往有众多分支机构，其负责贷款审批的员工基本不参股银行，也不可能与银行所有者保持紧密联系。因此，鉴于大银行的代理链条更长，代理问题也更严重，其必须通过标准化程序对贷款决策进行审批（Williamson，1967）。鉴于此，Cole，Goldberg and White（2004）发现，大银行更倾向于向那些财务记账更规范、规模更大、成立时间更长、现金储备更多、非小股东参股的公司发放贷款，小银行在发放贷款时的自由裁量权则更大，也更依赖前期存在的贷款关系获取借款公司的信息。即大银行往往采用量化的标准对贷款申请进行审批，小银行则更多依赖个人判断审批贷款。Berger，Miller，Petersen，Rajan and Stein（2005）也发现，相对于小银行，大银行不愿意向那些财务记账不规范或财务信息不透明的公司贷款。可见，大银行往往依赖“硬信息”向公司发放贷款，而小银行更多依赖“软信息”向公司发放贷款。由此，本书认为，由于大银行更多依赖客观标准向公司发放贷款，公司即使参股大银行，也较难对大银行施加影响。只有当公司参股小银行时，公司才易对其施加影响，导致小银行无法有效监督公司，最终对公司产生一系列负面影响。由此，本章提出假设 H5b：

H5b：与未参股银行公司相比，参股小银行的公司债权人治理作用更弱，对公司产生的负面影响更严重。

3.6.3 地区市场化水平高低对债权人治理作用的影响

地区市场化水平高低会影响债权人治理作用的发挥，从而对公司产生不同的经济影响。地区市场化水平越高，市场在资源配置中的作用就越高，法律法规的执行效率也更强。Claessens，Djankov and Klapper（2003）发现，更完善的司法体系能显著增加公司被起诉破产的概率，即债权人可以更好的保护自己的利益。鉴于此，本书认为，市场化水平较高地区的公司更依赖市场机制获得银行借款，对所持银行的信贷决策干预较少，而且，银行作为债权人也会更好地保护自身利益，从而对公司发挥积极的治理作用。相反，在市场化水平较低的地区，公司在信贷市场获取贷款的难度更大，导致公司更倾向于通过干预所持银行获得银行借款，使银行难以发挥信息筛选和积极监督作用，其会对公司产生一系列负面影响。由此，本章提出假设 H5c：

H5c：当处于市场化水平较低的地区时，与未参股银行公司相比，参股银行公司的负面影响更严重。

3.6.4　地区银行业竞争程度强弱对债权人治理作用的影响

地区银行业竞争程度高低也会影响债权人治理作用的发挥，从而对公司产生不同的经济影响。Beck，Demirguc – Kunt and Maksimovic（2004）发现，更高的银行业集中度使公司面临更多的融资障碍，对小公司更是如此。Cetorelli and Strahan（2006）也发现，银行业集中度越高，公司获得银行借款的难度越高。鉴于此，本书认为，地区银行业竞争程度越高，公司从信贷市场获取资金的难度越低，导致其无须向所参股银行施压以获得借款；相反，若地区的银行业竞争程度较低，公司从信贷市场获取资金的难度就大大增加，迫使其不能不向所参股银行施压以获得足够的信贷支持，导致银行无法有效发挥对公司的治理作用，其会对公司产生一系列负面影响。由此，本章提出假设 H5d：

H5d：当处于银行业竞争程度较弱的地区时，与未参股银行公司相比，参股银行公司的负面影响更严重。

3.6.5　地区不良贷款率高低对债权人治理作用的影响

地区不良贷款率高低也会影响债权人治理作用的发挥，从而对公司产生不同的经济影响。已有大量研究指出，国有公司和国有商业银行的“预算软约束”问题是国有商业银行产生不良贷款的根本原因（施华强和彭兴韵，2003；施华强，2004）。地区的银行和公司存在的“预算软约束”问题越多，该地区的不良贷款率就越高。有鉴于此，本书认为，地区的不良贷款率越高，该地区银行的内部治理机制越差，银行业整体竞争激烈程度也较弱，银行业经营状况也较差。

因此，在不良贷款率较高的地区，银行与公司之间的“预算软约束”问题越严重，特别地，公司参股银行导致公司的银行债务契约“软约束”问题更严重，即银行不能有效发挥对公司的治理作用，其会对公司产生一系列负面影响。由此，本章提出假设 H5e：

H5e：当处于不良贷款率较高的地区时，与未参股银行公司相比，参股银行公司的负面影响更严重。

第4章　实证发现与分析

4.1　样本选择与变量定义

4.1.1　样本选择

基于以下三方面的考虑，本书选取2004—2013年参股银行比例大于等于1%的上市民营公司为研究对象：首先，2004年银行业正式进入股份制改革阶段，2003年12月27日第十届全国人民代表大会常务委员会第六次会议通过了《关于修订〈中华人民共和国商业银行法〉的决定》，随后，2004年1月6日中国银行和中国建设银行率先成为股份制改革试点单位，国有商业银行的股份制改革启动。在经历了1994—1998年的商业化改革阶段和1999—2003年的市场化改革阶段后，银行业于2004年正式进入股份制改革阶段，并开始触及产权问题（田利辉，2005b）。国有银行的产权改革主要通过股改、引进战略投资者、上市等形式实现股权的多元化，改变银行的激励和约束机制，达到制约银行内部控制、减少政府干预的目标（陈栋和陈运森，2012）。因此，本书将样本起始点设定为2004年。其次，考虑到国有公司参股银行的决策往往受制于政府，其银行借款行为与民营公司也显著不同（Brandt and Li，2003；白俊和连立帅，2012），本书以民营公司为研究对象。最后，考虑到参股银行比例小于1%的公司对所持银行的影响力有限，本书以参股比例大于等于1%作为公司参股银行的标准。

根据上述标准，本书获得2004—2013年参股银行的民营上市公司年度观测数共791个，并按照以下步骤剔除相应公司年度观测：（1）考虑到金融行业的特殊性，本书剔除参股银行的金融类上市公司的60个公司年度观测；（2）考虑到总资产、总权益或销售收入小于等于0的公司实际上已经丧失了经营能力，本书剔除相应的2个公司年度观测；（3）考虑到总资产增长率超过1倍的公司往往进行了重大资产重组，会对公司银行借款决策和公司价值产生重要影响，本书剔除相应的21个公司年度观测；（4）剔除数据缺失观测35个。最终，本书得到2004—2013年民营上市公司中参股银行的公司年度观测数673个。详细的样本筛选过程见表4－1。

表4－1　　样本选择

Panel A：样本选择过程	
参股银行比例标准（比例超过1%）	公司年度观测数
参股银行的民营上市公司（2004—2013年）	791
减：银行保险券商等金融类上市公司	60
总资产、总权益或销售收入小于等于0的公司	2
总资产增长率超过1倍的公司	21
数据缺失公司	35
最终确定的参股银行的民营上市公司（2004—2013年）	673
Panel B：参股银行类型的分布	
参股银行比例标准（比例超过1%）	参股银行股权数量
股份制商业银行	49
城市商业银行	389
城市信用社	25
农村商业银行	90
农村合作银行	22
农村信用社	156
村镇银行	107
最终确定的民营上市公司参股银行数量（2004—2013年）	838

注：以参股比例超过1%作为公司参股银行的标准。Panel A中数量为公司年度观测数，Panel B中数量为所持银行股权数。同一公司同一年度若持有多家银行股权，在Panel A中只计算一次，在Panel B中则计算多次。

由于部分上市公司参股多家银行，因此，673个公司年度观测实际涉及838个银行股权。表4－1Panel B列示了上市公司参股银行的类型。可以看出，上市公司持有大型银行，如股份制商业银行、城市商业银行、城市信用社的数量分别为49个、389个、25个；上市公司持有小型银行，如农村商业银行、农村合作银行、农村信用社、村镇银行的数量分别为90个、22个、156个、107个。

本书数据来源如下：参股银行的数据来自上市公司年报手工整理，其中

2004—2006 年数据来自上市公司年报中的长期股权投资明细项目，2007—2013 年数据来自上市公司其他投资事项明细①，财务数据来自 CSMAR 和 Wind 数据库。

考虑到上市公司参股银行可能存在时间、行业和地域上的差异，本书分别列示了按时间、行业和地域分布的公司参股银行观测数，具体见表 4 - 2 Panel A、Panel B 和 Panel C。

根据 Panel A 可知，2004 年参股银行的民营企业仅有 30 家，占当年所有民营企业的 10.83%，而 2013 年则达到 122 家，占比为 8.68%。可见，随着上市公司数量增加，参股银行的公司也在不断增加。

根据 Panel B 可知，电力、热力、燃气及水生产和供应业中有 31.11% 的民营企业参股银行，其次是农、林、牧、渔业（25.37%）和综合业（22.55%），与之形成鲜明对比的是，有 6 个行业的公司从未参股银行。可见，不同行业的公司参股银行的行为有显著差异。

表 4 - 2 样本分布

Panel A：样本年度分布

会计年度	持股银行的观测数	不持股银行的观测数	持股银行观测数占总观测数比重
2004	30	247	10.83%
2005	35	282	11.04%
2006	50	314	13.74%
2007	43	353	10.86%
2008	57	434	11.61%
2009	62	483	11.38%
2010	72	572	11.18%
2011	92	867	9.59%
2012	110	1151	8.72%
2013	122	1284	8.68%
合计	673	5987	10.11%

① 2007 年 6 月 30 日证监会发布的《公开发行证券的公司信息披露内容与格式准则第 3 号〈半年度报告的内容与格式〉》第三十八条规定："公司应当对持有其他上市公司股权、参股商业银行、证券公司、保险公司、信托公司和期货公司等金融企业股权，以及参股拟上市公公司等投资情况进行重点披露，包含最初投资成本、持股比例、期末账面值等情况。"

续表

Panel B：样本行业分布

行　业	持股银行的观测数	不持股银行的观测数	持股银行观测数占总观测数比重
农、林、牧、渔业	34	100	25.37%
采矿业	3	55	5.17%
制造业	434	4203	9.36%
电力、热力、燃气及水生产和供应业	14	31	31.11%
建筑业	0	132	0.00%
批发和零售业	74	297	19.95%
交通运输、仓储和邮政业	8	55	12.70%
住宿和餐饮业	0	24	0.00%
信息传输、软件和信息技术服务业	10	386	2.53%
房地产业	46	379	10.82%
租赁和商务服务业	0	53	0.00%
科学研究和技术服务业	0	34	0.00%
水利、环境和公共设施管理业	3	41	6.82%
居民服务、修理和其他服务业	0	9	0.00%
卫生和社会工作	0	13	0.00%
文化、体育和娱乐业	1	17	5.56%
综合	46	158	22.55%
合　计	673	5987	10.11%

Panel C：样本地区分布

省份	持股银行的观测数	不持股银行的观测数	持股银行观测数占总观测数比重
宁夏	15	15	50.00%
广西	22	55	28.57%
贵州	10	25	28.57%
新疆	23	61	27.38%
黑龙江	23	84	21.50%
四川	59	254	18.85%
湖南	28	126	18.18%
陕西	10	50	16.67%
河南	23	123	15.75%

续表

省份	持股银行的观测数	不持股银行的观测数	持股银行观测数占总观测数比重
海南	19	105	15.32%
西藏	6	35	14.63%
内蒙古	12	74	13.95%
江苏	92	641	12.55%
浙江	113	799	12.39%
青海	2	15	11.76%
山东	42	342	10.94%
河北	11	98	10.09%
甘肃	6	57	9.52%
吉林	10	105	8.70%
湖北	22	232	8.66%
安徽	13	152	7.88%
重庆	7	87	7.45%
辽宁	15	206	6.79%
福建	18	300	5.66%
广东	57	1023	5.28%
天津	2	40	4.76%
云南	2	52	3.70%
上海	8	415	1.89%
北京	3	330	0.90%
江西	0	61	0.00%
山西	0	25	0.00%
合计	673	5987	10.11%

注：以参股比例超过 1% 作为公司参股银行的标准。同一公司同一年度若持有多家银行股权，则仅计算一次。

考虑到每家公司参股银行的比例可能不同，图 4－1 绘制了上市公司参股银行的参股比例分布。可以看出，参股比例在［1%，2%）区间的银行数量最多，其余多数观测落在［2%，11%）的区间，只有极少数观测的参股比例超过 11%。

考虑到每家公司参股银行的时间长短可能不同，本书绘制了按持有年数分组的样本分布，具体见图 4－2。可以看出，2004—2013 年共有 673 个公司年度观测，其中 53.63% 的样本公司连续参股银行时间低于 3 年，连续持有 4 年及以上年度的样本数持续减少，仅有 18 家公司在整个样本区间内一直参股银行。

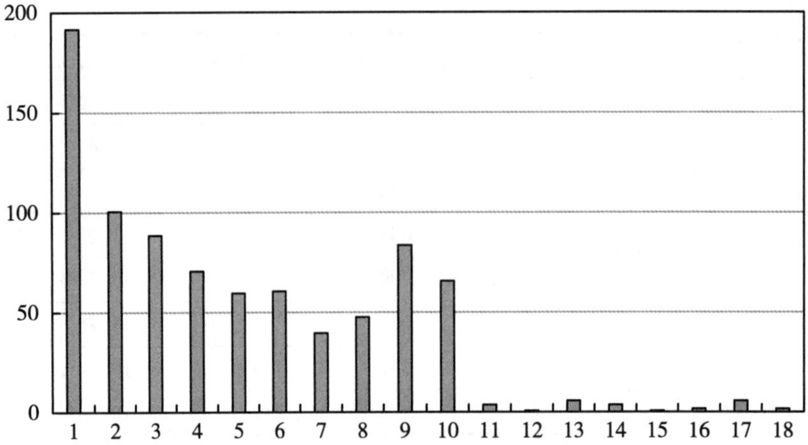

图 4－1　公司参股银行的参股比例分布图

注：图中横轴代表参股银行的参股比例，单位为%，纵轴代表所持银行股权数量。样本区间为 2004—2013 年所有参股银行的观测。

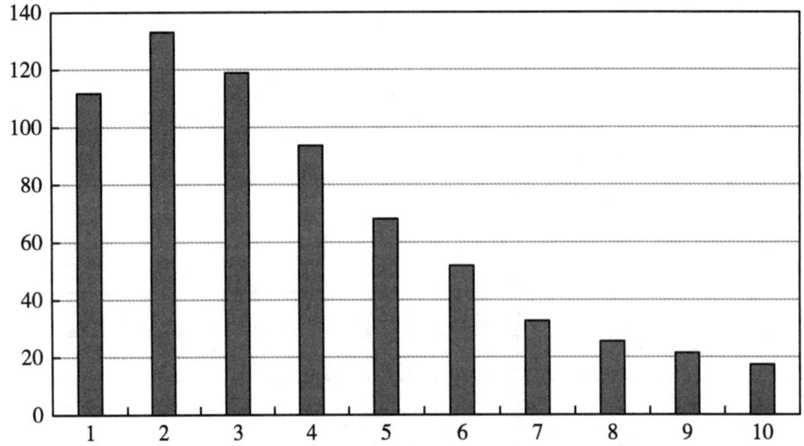

图 4－2　公司参股银行的时间分布图

注：图中横轴代表公司参股银行的年数，参股银行年数指公司上市后连续参股银行的年数，纵轴代表参股银行公司的年度观测数。样本区间为 2004—2013 年所有参股银行的观测。以参股比例超过 1% 作为公司参股银行的标准。同一公司同一年度若持有多家银行股权，则仅计算一次。

4.1.2　变量定义

考虑到参股银行比例小于 1% 的公司对所持银行的影响力有限，本书以参股比例是否大于等于1%来确定上市公司是否参股银行（*HBank*）。本书使用的其他变量的定义详见表4-3。

表4-3　变量定义

变量名	变量定义
HBank	当公司参股银行比例大于等于1%时，该值取1，否则取0
HoldingRatio	参股银行比例
HBank_1_5	当公司参股银行比例大于等于1%且小于5%时，该值取1，否则取0
HBank_5	当公司参股银行比例大于等于5%时，该值取1，否则取0
D_HBigBank	当公司参股银行比例大于等于1%且参股银行为股份制商业银行、城市商业银行、城市信用社时，该值取1，否则取0
D_HSmallBank	当公司参股银行比例大于等于1%且参股银行为农村商业银行、农村合作银行、农村信用社和村镇银行时，该值取1，否则取0
Assets	公司总资产的对数
BM	公司账面价值除以年末A股总市值
Leverage	总负债除以年末总资产
ROA	净利润除以年末总资产
EXROA	扣除非经常性损益的净利润除以年末总资产
Markerlization	樊纲等（2011）编制的市场化指数指标
Sales Growth	销售收入增长率
PPE	固定资产除以年末总资产
Assets Turnover	销售收入除以平均总资产
Payout Ratio	公司税前支付的现金红利除以当年净利润
Big4	若年报为四大审计师事务所审计，该值取1，否则取0
Top1	第一大股东持股比例
CEO Duality	若董事长兼任CEO，该值取1，否则取0
E	净利润除以年末总资产
ACC	公司净利润减经营活动现金净流量除以年末总资产
SI	公司非经常性损益除以年末总资产
DIV	当公司支付现金股利时，该值取1，否则取0
AGE	公司成立年限的对数
HHI	行业的赫芬达尔系数，行业划分参照证监会标准，其中制造业采用两位行业代码，其他行业采用一位行业代码

续表

变量名	变量定义
*Tobin's Q*1	市值1/资产总计，其中市值1定义为：人民币普通股×今收盘价当期值+境内上市的外资股B股×今收盘价当期值×当日汇率+(总股数-人民币普通股-境内上市的外资股B股)×所有者权益合计期末值/实收资本本期期末值+负债合计本期期末值
*Tobin's Q*2	市值2/资产总计，其中市值2定义为：（总股数-境内上市的外资股B股)×今收盘价A股当期值+境内上市的外资股B股×今收盘价当期值×当日汇率+负债合计本期期末值
Tobin's Q_3	市值1/（资产总计-无形资产净额-商誉净额）
Tobin's Q_4	市值2/（资产总计-无形资产净额-商誉净额）
*Agency Cost*1	自由现金流代理成本以股权自由现金流量除以年末总资产，其中股权自由现金流量为企业自由现金流中扣除与债务相联系的现金流量，具体定义为：企业自由现金流量-偿还债务所支付的现金+取得借款收到的现金+发行债券所收到的现金。企业自由现金流量是指扣除为满足生产经营和增长的需要所必须的、受约束的支出后，企业可以自由支配的现金，具体定义为：息前税后利润+折旧与摊销-营运资本增加-资本支出=息税前利润×(1-所得税/利润总额)+折旧与摊销-营运资本增加-构建固定资产和长期资产支付的现金
*Agency Cost*2	自由现金流代理成本以股权自由现金流量除以年末营业收入，其中股权自由现金流量定义如上
Pay	高管前三名薪酬总额的对数

考虑到参股银行公司与未参股银行公司在公司特征上可能存在显著差异，本书对此进行了比较分析，具体见表4-4。可以看出，相比于未参股银行公司，参股银行公司的规模（*Assets*）更大、杠杆（*Leverage*）更高、业绩（*ROA*）更差、固定资产占比（*PPE*）更大、所处地区的市场化水平（*Marketilization*）更低、资产周转率（*Assets Turnover*）更高、股利支付率（*Payout Ratio*）更低、公司成立时间（*AGE*）越长、两职合一率（*CEO Duality*）更低，上述变量在均值或中位数上存在显著差异；而在账市比（*BM*）、销售收入增长率（*Sales Growth*）、高管前三名薪酬（*Pay*）、是否四大审计（*Big*4）、第一大股东持股比例（*Top*1）等变量方面没有显著差异。上述发现表明，参股银行公司与未参股银行公司在多个公司特征上存在显著差异。

本书进一步比较了参股银行公司与未参股银行公司的自由现金流代理成本和公司价值的差异。可以看出，相比于未参股银行公司，参股银行公司的自由现金流代理成本（*Agency Costs*1、*Agency Costs*2）显著更高，公司价值（*Tobin's Q*1、

*Tobin's Q*2、*Tobin's Q*3、*Tobin's Q*4）显著更低。然而，上述实证发现可能是由于两类公司在公司特征上本就存在的显著差异所致，而非参股银行所致，即公司参股银行的行为可能是内生的。因此，本书将借助倾向性得分法（*Propensity - Score Matching Method*）为参股银行公司寻找配对公司，从而使配对公司与参股银行公司在各个公司特征上不存在显著差异，最终解决公司参股银行决策的内生性问题。

表 4－4　　参股银行与公司特征的描述性统计

变量	参股银行公司			未参股银行公司			差异检验	
	样本量	均值	中位数	样本量	均值	中位数	均值差异（t 检验）	中位数差异（Wilcoxon 检验）
Assets	673	21.6992	21.5835	5987	21.1150	21.0047	0.5842***	0.5788***
Leverage	673	0.4880	0.4989	5987	0.4030	0.4007	0.0850***	0.0982***
BM	673	0.6935	0.6945	5987	0.6820	0.6890	0.0115	0.0055
ROA	673	0.0438	0.0416	5987	0.0440	0.0452	-0.0002	-0.0036**
AGE	673	2.6437	2.6391	5987	2.5773	2.5649	0.0664***	0.0742***
PPE	673	0.2786	0.2567	5987	0.2534	0.2249	0.0252***	0.0318***
Marketilization	673	8.6702	8.7600	5987	9.2173	9.8100	-0.5471***	-1.0500***
Sales Growth	673	0.2238	0.1504	5987	0.2588	0.1574	-0.0350	-0.0070
Assets Turnover	673	1.4288	1.0371	5987	1.2297	1.0364	0.1991***	0.0007
Payout Ratio	673	0.2033	0.1103	5987	0.2403	0.1684	-0.0370***	-0.0581***
Pay	673	13.7455	13.7689	5987	13.7373	13.7747	0.0082	-0.0058
AGE	673	2.6437	2.6391	5987	2.5773	2.5649	0.0664***	0.0742***
*Big*4	673	0.0312	0	5987	0.0334	0	-0.0022	0.0000
*Top*1	673	34.3786	31.5400	5987	33.5192	30.2000	0.8594	1.3400
CEO Duality	673	0.2169	0	5987	0.2708	0	-0.0539***	0.0000***
*Agency Cost*1	673	0.0370	0.0453	5987	0.0191	0.0289	0.0179***	0.0164***
*Agency Cost*2	673	0.0936	0.0685	5987	0.0239	0.0465	0.0697***	0.0220**
*Tobin's Q*1	673	1.7354	1.4702	5987	1.9528	1.5253	-0.2174***	-0.0551*
*Tobin's Q*2	673	1.8311	1.5375	5987	2.0906	1.6177	-0.2595***	-0.0802**
*Tobin's Q*3	673	2.0759	1.7415	5987	2.5156	1.9981	-0.4397***	-0.2566***
*Tobin's Q*4	673	2.1897	1.8312	5987	2.6872	2.1100	-0.4975***	-0.2788***

注：样本区间为 2004—2013 年所有参股银行的观测。以参股比例超过 1% 作为公司参股银行的标准。同一公司同一年度若持有多家银行股权，则仅计算一次。未参股银行公司为样本区间内从未参股银行的公司。均值差异采用 t 检验，中位数差异采用 Wilcoxon 检验，***、**、* 分别表示 1%、5%、10% 的显著性水平。

4.2 样本匹配方法

4.2.1 倾向性得分法的基本原理

倾向性得分法（Propensity - Score Matching Method）是 Rosenbaum and Rubin (1983) 提出的用于为实验组样本在多个维度上寻找恰当的对照组样本的方法。近年来，学者采用该方法对一些传统问题进行了再检验，发现了与早年研究不同的结论。如 Armstrong，Jagolinzer and Larcker（2010）发现，CEO 的权益激励并没有诱发更多的会计违规现象。Lawrence，Minutti - Meza and Zhang（2011）发现，经四大审计的公司盈余质量更好，在很大程度上是被审计公司的规模更大所致，而非四大专业技能更强所致。可见，采用倾向性得分法解决研究变量的内生性问题非常重要，否则极易导致错误结论产生。

Rosenbaum and Rubin（1983）定义倾向性得分为某一观测被确定为实验组的条件概率，即：

$$p(X) \equiv Pr(D=1 \mid X) = E(D \mid X)$$

其中，$D=\{0,1\}$ 为观测是否为实验组观测的指示变量，X 是实验组观测被处理前的多维特性向量。

Rosenbaum and Rubin（1983）证明，如果实验组观测和对照组观测在多维特征向量 X 上随机分布，那么它们在单维变量 $p(X)$ 上也是随机分布的。因此，实验组的平均处理效应（*Average effect of Treatment on the Treated*，ATT）就可以采用如下方法估计：

$$\begin{aligned} \text{ATT} &\equiv E\{Y_1 - Y_0 \mid D=1\} = E[E\{Y_1 - Y_0 \mid D=1, p(X)\}] \\ &= E[E\{Y_1 \mid D=1, p(X)\} - E\{Y_0 \mid D=0, p(X)\} \mid D=1] \end{aligned}$$

其中 Y_1 为实验组观测的结果变量，Y_0 为与实验组观测倾向性得分相似的对照组观测的结果变量。

倾向性得分法的成立需要一定前提，Rosenbaum and Rubin（1983）证明了倾向性得分法成立需要满足的两个条件：

（1）“条件独立性”假设（*Conditional Independence Assumption*）：在控制了多维特征变量 X 后，处理效应和结果变量之间是独立的，即处理效应是随机出现的，用公式表示如下：

$$Y_1，Y_0 \perp D \mid X$$

该假设认为所有影响处理效应和结果变量的变量都被包含在可测量的多维特征变量 X 中，因此，该假设也被称为“无未测量混淆变量”假设（*Unconfoundedness Assumption*）。

（2）“共同支撑”假设（*Common Support Assumption*）：任意观测都要以非零概率被处理，用公式表示如下：

$$0 < Pr(D=1 \mid X) < 1$$

该假设认为任意一个观测被处理的概率都在［0，1］之间，而按照概率的基本原理，任意一个观测未被处理的概率也在［0，1］之间，因为 $Pr(D=0 \mid X)=1-Pr(D=1 \mid X)$。该假设确保了被处理组和未被处理组在公司特征间有充分的重叠（*Overlap*），从而便于为找到足够的配对样本（*A Common Support*）。因此该假设也被称为“重叠”假设（*Overlap Assumption*）。按照该假设，如果处理组中观测的倾向性得分比未被处理组中观测的倾向性得分最大值还大，该观测就不再参与寻找配对样本。

当满足上述两个前提条件时，即可采用倾向性得分法为处理组观测（也称实验组观测）找到合适的对照组观测（Rosenbaum and Rubin，1983）。

具体地，倾向性得分法通过两个步骤为实验组样本找到合适的对照组样本。第一步，通过 logit 或 pobit 模型计算每个观测被实验的概率，从而获得倾向性得分。第二步，基于获得的倾向性得分及合理的配对方法为实验组样本找到对照组样本。常见的配对方法包括：最近邻匹配（*Nearest Neighbor Matching*）、半径匹配（*Radius Matching*）和核匹配（*Kernel Matching*）。

最近邻匹配法将与实验组观测倾向性得分值最相近的样本作为对照组观测，即满足如下条件：

$$\min_j \| p_i - p_j \|$$

其中，p_i 是实验组样本的倾向性得分，p_j 是对照组样本的倾向性得分。

半径匹配法将实验组观测的倾向性得分值周围某一半径范围内的所有样本都作为对照组观测，即满足如下条件：

$$\| p_i - p_j \| < r$$

其中，r 为设定的半径范围。

在找到对照组观测后，还要对该观测确定正确的权重，以确保每个实验组观测对应的所有对照组观测的权重和为 1。在最近邻匹配法和半径匹配法中，对照组观测的权重是等权的。具体的权重系数为：

$$w_{ij} = \frac{1}{N_i^C}$$

其中，w_{ij}是实验组观测 i 对应的对照组观测 j 的权重，N_i^C 为实验组（T）中的观测 i 所匹配的对照组（C）观测数。

在最近邻匹配法和半径匹配法中，实验组的平均处理效应计算方法如下：

$$ATT = \frac{1}{N^T}\sum_{i \in T}\left(Y_i^T - \sum_{j \in C(i)} w_{ij} Y_j^C\right) = \frac{1}{N^T}\sum_{i \in T} Y_i^T - \frac{1}{N^T}\sum_{j \in C} w_i Y_j^C$$

在假定权重为固定及不同观测的结果变量间相互独立时，实验组平均处理效应的方差如下：

$$\begin{aligned} \mathrm{Var}(ATT) &= \frac{1}{(N^T)^2}\left\{\sum_{i \in T}\mathrm{Var}(Y_i^T) + \sum_{j \in C}(w_j)^2 \mathrm{Var}(Y_j^C)\right\} \\ &= \frac{1}{N^T}\mathrm{Var}(Y_i^T) + \frac{1}{(N^T)^2}\sum_{j \in C}(w_j)^2 \mathrm{Var}(Y_j^C) \end{aligned}$$

其中，N^T 为实验组（T）样本的观测数，Y_i^T 为实验组（T）中观测 i 的结果变量值，Y_j^C 为对照组（C）中观测 j 的结果变量值，$w_j = \sum_i w_{ij}$。

与最近邻匹配法和半径匹配法只使用部分未实验样本作为对照组观测不同，核匹配法会使用更多甚至全部的未试验样本作为对照组观测，同时会根据未实验样本与试验样本间的距离为其设定不同的权重，距离越远，权重越低（Heckman，Ichimura and Todd，1997，1998）。具体的权重系数为：

$$w_{ij} = \frac{G\left(\frac{p_j - p_i}{h_n}\right)}{\sum_{k \in C} G\left(\frac{p_k - p_i}{h_n}\right)}$$

其中，$G(\cdot)$ 是一个 kernel 函数，h_n 是带宽（bandwidth）参数。常见的 kernel 函数有 Gaussian Kernel、Biweight Kernel、Epanechnikov Kernel、Uniform Kernel、Tricube Kernel。带宽参数用于控制估计处理效应时的局部窗口宽度，该值越小，窗口宽度越窄，越采用局部估计。

当每个未实验样本被赋予上述权重后，实验组观测 i 对应的对照组观测 j 的结果变量的一致估计为：

$$\frac{\sum_{j\in C} Y_j^C G\left(\frac{p_j - p_i}{h_n}\right)}{\sum_{k\in C} G\left(\frac{p_k - p_i}{h_n}\right)}$$

基于上述假定，核匹配法下实验组的平均处理效应计算方法如下：

$$ATT = \frac{1}{N^T}\sum_{i\in T}\left\{Y_i^T - \frac{\sum_{j\in C} Y_j^C G\left(\frac{p_j - p_i}{h_n}\right)}{\sum_{k\in C} G\left(\frac{p_k - p_i}{h_n}\right)}\right\}$$

4.2.2　为参股银行公司寻找配对公司

与 Armstrong，Jagolinzer and Larcker（2010）和 Lawrence，Minutti－Meza and Zhang（2011）所采取的研究方法一样，本研究也适合采用倾向性得分法为参股银行公司寻找配对样本。首先，倾向性得分法能为参股银行公司寻找到与其在多个维度上相似的未参股银行公司，从而使我们能够真正排除其他特征对公司债权人治理、会计稳健性、盈余持续性和公司价值的影响，并正确解析出参股银行对上述变量的影响（Armstrong，Jagolinzer and Larcker，2010）。其次，已有研究经常采用 Heckman（1979）提出的两阶段选择模型解决研究变量的内生性问题。然而，该模型需要依赖特定的函数形式去间接估计参股银行的处理效应（*Treatment Effect*），而 Rosenbaum and Rubin（1983）提出的倾向性得分法并不依赖于特定的函数形式，且可以直接估计参股银行的处理效应（Li and Prabhala，2007）。此外，两阶段选择模型往往不能满足排他性限制条件，即很难识别出影响公司参股银行的变量不会影响公司债权人治理、会计稳健性、盈余持续性和公司价值等变量，导致处理效应被错误估计。最后，当实验组和对照组中自变量与因变量间的关系为非线性时，采用普通的回归分析会得到有偏的处理效应估计，而倾向性得分法则能有效克服非线性问题带来的有偏估计（Armstrong，Jagolinzer and Larcker，2010）。

参考 Guo and Fraser（2009）、Armstrong，Jagolinzer and Larcker（2010）和 Lawrence，Minutti－Meza and Zhang（2011），本书使用 *logit* 模型估计公司参股银行的概率。同时，由于倾向性得分法并不需要满足排他性限制条件（Li and

Prabhala，2007），本书使用一系列公司特征变量来估计倾向性得分，其中也包含后续回归中所使用的其他控制变量。具体地，本书使用公司规模（*Assets*）、账市比（*BM*）、杠杆（*Leverage*）、盈利能力（*ROA*）、市场化指数（*Marketilization*）、年度（*Year*）和行业（*Industry*）虚拟变量以及后续每节回归中的其他控制变量来估计公司参股银行的概率，并计算倾向性得分，具体回归模型见式4-1：

$$
\begin{aligned}
HBank_{i,t} = {} & \beta_0 + \beta_1 Assets_{i,t-1} + \beta_2 BM_{i,t-1} + \beta_3 Leverage_{i,t-1} + \beta_4 ROA_{i,t-1} \\
& + \beta_5 Marketilization_{i,t-1} + \beta_6 Controls_{i,t-1} + \sum Year \\
& + \sum Industry + \varepsilon_{i,t} \qquad (4-1)
\end{aligned}
$$

其中，下标 i 代表公司，t 代表会计年度。

倾向性得分法的匹配过程如下：首先，本书对式（4-1）进行回归，并获得倾向性得分；其次，在获得倾向性得分后，本书分别采用最近邻匹配[①]、半径匹配[②]、核匹配[③]等匹配方法为参股银行的样本寻找配对样本。配对样本从样本区间内任意一年均未参股银行的公司中选择。为节约篇幅，同时考虑到核匹配法使用了更多样本观测，可以避免小样本偏差问题（Heckman，Ichimura and Todd，1997），如未做特殊说明，本书后续分析仅报告核匹配法的实证结果，将最近邻匹配和半径匹配的结果放置在稳健性检验中。

4.3 公司参股银行与债权人治理

4.3.1 倾向性得分匹配结果

为获得倾向性得分，本书对式（4-1）进行回归，结果见表4-5。可以看出，在控制了年度和行业固定效应后，规模变量（*Assets*）的系数在1%的显著性水平下显著为正，账市比变量（*BM*）的系数在10%的显著性水平下显著为负，杠杆变量（*Leverage*）在10%的显著性水平下显著为正，市场化水平变量

---

① 采用 replacement 方法找到与实验对象的倾向性得分距离最近的5个观测作为对照组样本。
② 采用 replacement 方法找到与实验对象的倾向性得分半径范围在0.005内的观测作为对照组样本。
③ 采用 biweight 类型的核匹配方法为对照组样本计算权重，bandwidth 设定为0.06。

(*Marketilization*) 的系数在1%的显著性水平下显著为负，公司成立时间变量 (*AGE*) 的系数在1%的显著性水平下显著为正，是否四大审计变量 (*Big4*) 的系数在1%的显著性水平下显著为负，而公司业绩 (*ROA*)、固定资产占比 (*PPE*)、第一大股东持股比例 (*Top1*)、是否同时担任董事长和CEO (*CEO Duality*) 等变量的系数则不显著。可见，规模越大的公司、成长性越好的公司、成立时间越长的公司、非四大审计的公司及市场化水平越低地区的公司越倾向于参股银行。最终，在全部673个参股银行的公司年度观测中，本书为其中的666个找到了合适的配对样本，其余7个因不满足共同支撑假设而无法找到合适的配对样本。

表4-5　　公司参股银行影响因素的回归分析

变量	系数	t值
Assets	0.6939***	[13.00]
BM	-0.3958*	[-1.90]
Leverage	0.4692*	[1.80]
ROA	0.4649	[0.51]
PPE	0.0603	[0.22]
Marketilization	-0.1020***	[-4.57]
AGE	0.6001***	[3.94]
Big4	-1.0185***	[-4.01]
Top1	0.0033	[1.10]
CEO Duality	0.0618	[0.58]
截距	-17.3547***	[-15.70]
Year Fixed Effects	控制	
Industry Fixed Effects	控制	
N	6594	
Pseudo R^2	0.101	
Chi2	440.4234	

注：以参股比例超过1%作为公司参股银行的标准。同一公司同一年度若持有多家银行股权，则仅计算一次。未参股银行公司为样本区间内从未参股银行的公司。方括号内为t值，***、**、*分别表示1%、5%、10%的显著性水平。

为检验倾向性得分法的匹配效果，即匹配后的样本是否在公司特征上与参股银行样本不存在显著差异，本书对比了核匹配法匹配前后不同公司特征的差异，结果见表4-6。可以看出，匹配前参股银行公司在规模 (*Assets*)、财务杠杆（*Leverage*）、固定资产占比（*PPE*）、市场化水平（*Marketilization*）、公司成立时间（*AGE*）、是否同时担任董事长和CEO（*CEO Duality*）等特征上与未参股银行公司有显著差异，而采用核匹配法匹配后，两者在各个公司特征上均不存在显著差异。此外，匹配前参股银行组的倾向性得分（*Propensity Score*）显著高于未参股银行组，而匹配后两者不存在任何差异。可见，采用核匹配法后对照组与参股银行组在各个公司特征上已不存在显著差异。

表4-6　　匹配前后公司特征差异比较

变量	样本	参股银行组	对照组	偏差（%）	降幅（%）	t值
Assets	匹配前	21.698	21.111	61.1		15.27***
	匹配后	21.679	21.636	4.6	92.5	0.78
BM	匹配前	0.69318	0.68157	4.3		1.01
	匹配后	0.69396	0.69117	1.0	76.0	0.20
Leverage	匹配前	0.48801	0.40231	41.9		9.68***
	匹配后	0.48666	0.48089	2.8	93.3	0.52
ROA	匹配前	0.04381	0.04398	-0.3		-0.07
	匹配后	0.0438	0.04403	-0.4	-32.3	-0.08
PPE	匹配前	0.27865	0.25379	14.9		3.58***
	匹配后	0.27662	0.2783	-1.0	93.2	-0.18
Marketilization	匹配前	8.6679	9.2259	-25.8		-6.68***
	匹配后	8.706	8.7176	-0.5	97.9	-0.10
AGE	匹配前	2.6445	2.5769	21.0		4.90***
	匹配后	2.6422	2.634	2.6	87.8	0.48
Big4	匹配前	0.02976	0.03327	-2.0		-0.48
	匹配后	0.03012	0.03103	-0.5	73.9	-0.10
Top1	匹配前	34.345	33.554	5.4		1.35
	匹配后	34.487	34.05	3.0	44.8	0.53
CEO Duality	匹配前	0.21726	0.27085	-12.5		-2.98***
	匹配后	0.21536	0.22137	-1.4	88.8	-0.26
Propensity Score	匹配前	0.17292	0.09385	77.0		23.92***
	匹配后	0.16734	0.162	5.2	93.3	0.85

注：以参股比例超过1%作为公司参股银行的标准。同一公司同一年度若持有多家银行股权，则仅计算一次。对照组样本从样本区间内从未参股银行的公司中获取。均值差异采用t检验，***、**、*分别表示1%、5%、10%的显著性水平。

图4-3绘制了核匹配法匹配前后的密度函数图。可以看出，在采用核匹配法匹配前，参股银行公司和对照组公司的密度函数有显著差异，而通过核匹配法筛选出的对照组公司与参股银行公司的密度函数图则极为相似。可见，采用核匹配法获得的对照组公司很好地实现了匹配目标。

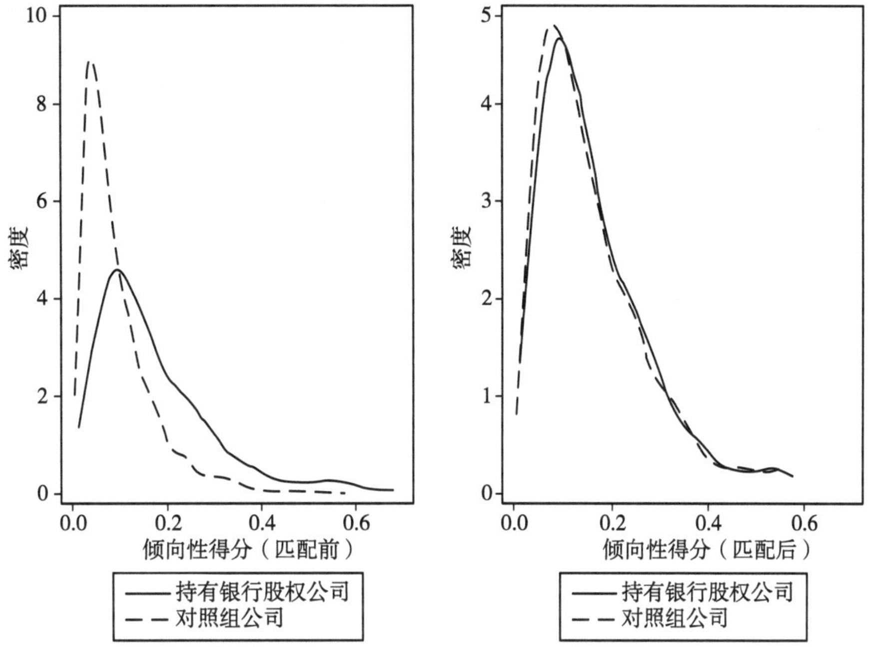

图4-3 核匹配前后密度函数图

注：图中左侧为核匹配法下倾向性得分匹配前的密度函数图，右侧为倾向性得分匹配后的密度函数图。其中，横轴为倾向性得分，纵轴为概率密度。实线代表参股银行公司的密度函数图，虚线代表对照组公司的密度函数图，对照组观测从样本区间内从未参股银行的公司中获取。

4.3.2 参股银行与债权人治理关系的检验

为证明参股银行会弱化银行对公司的治理作用，本小节检验参股银行与管理层薪酬业绩敏感性的关系。参考Ke，Rui and Yu（2012），本书建立如下回归模型：

$$\begin{aligned} Pay_{i,t} = {} & \beta_0 + \beta_1 HBank_{i,t} + \beta_2 ROA_{i,t} + \beta_3 ROA_{i,t} \times HBank_{i,t} + \beta_4 Assets_{i,t-1} \\ & + \beta_5 PPE_{i,t-1} + \beta_6 BM_{i,t-1} + \beta_7 Leverage_{i,t-1} + \beta_8 AGE_{i,t-1} \\ & + \beta_9 Big4_{i,t-1} + \beta_{10} Top1_{i,t-1} + \beta_{11} CEO\ Duality_{i,t-1} \\ & + \sum Year + \sum Industry + \varepsilon_{i,t} \end{aligned} \tag{4-2}$$

其中，式（4－2）中因变量为公司高管前三名薪酬总额的对数（*Pay*），自变量为参股银行虚拟变量（*HBank*），即当公司参股银行的比例大于等于1%时，该值取1，否则取0；公司盈利能力以年末总资产平滑的净利润（*ROA*）代替。控制变量包括：公司规模（*Assets*），即公司总资产的对数；固定资产占比（*PPE*），即固定资产占总资产的比重；账面市值比（*BM*），即公司账面价值除以年末A股总市值；财务杠杆（*Leverage*），即总负债除以总资产；公司成立时间（*AGE*），即公司成立时间的对数；是否经四大审计（*Big4*），即如果公司当年被国际四大会计师事务所审计则为1，否则为0；第一大股东持股比例（*Top1*），即公司第一大股东的持股比例；是否两职合一（*CEO Duality*），即董事长是否兼职*CEO*，是则为1，否则为0；年度（*Year*）为年度虚拟变量；行业（*Industry*）为行业虚拟变量。下标 i 代表公司，t 代表会计年度。我们预期式（4－2）中 β_3 的系数应显著为负。

式（4－2）的回归结果见表4－7。可以看出，在统计意义上，控制了行业、年度固定效应及其他影响公司高管薪酬的变量后，*ROA*×*HBank* 的系数为－0.5132，且在1%的显著性水平下显著为负；在经济意义上，相对于未参股银行公司，参股银行公司其薪酬业绩敏感性下降15.6%（0.5132/3.2843）。综合上述发现可知，参股银行公司不仅在统计意义上，还在经济意义上比对照组公司管理层的薪酬业绩敏感性更差。研究表明，公司参股银行会削弱银行的公司治理作用，导致管理层薪酬业绩敏感性下降。

表4－7　参股银行与管理层薪酬业绩敏感性关系的检验

变量	Pay	
	系数	t值
HBank	－0.0847**	[－2.21]
ROA	3.2843***	[8.30]
ROA×*HBank*	－0.5132***	[－2.82]
Assets	0.3636***	[16.90]
PPE	－0.1769	[－1.43]
BM	－0.2939***	[－3.33]
Leverage	－0.1591	[－1.47]
AGE	0.0954	[1.43]

续表

变量	Pay	
	系数	t 值
*Big*4	0.5012***	[4.64]
*Top*1	-0.0016	[-1.29]
CEODuality	0.0725	[1.60]
截距	5.5660***	[12.15]
Year Fixed Effects	控制	
Industry Fixed Effects	控制	
N	1328	
Adj. R^2	0.426	
F	36.1156	

注：以参股比例超过 1% 作为公司参股银行的标准。同一公司同一年度若持有多家银行股权，则仅计算一次。匹配样本采用核匹配法从样本区间内从未参股银行的公司中获取。方括号内为 t 值，*** 、** 、* 分别表示 1% 、5% 、10% 的显著性水平。

4.3.3　不同条件下参股银行与债权人治理关系的检验

1. 参股银行比例与管理层薪酬业绩敏感性关系的检验

为证明参股银行比例越高的公司其管理层薪酬业绩敏感性越差，本书检验参股银行比例高低对管理层薪酬业绩敏感性的影响。具体地，本书定义 *HBank_1_5* 和 *HBank_5* 分别为参股银行比例在［1%，5%）和［5%，100%］的虚拟变量。回归结果见表 4 - 8 Panel A。可以看出，在控制了行业、年度固定效应及其他影响高管薪酬的变量后，*ROA* × *HBank_1_5* 和 *ROA* × *HBank_5* 的系数分别为 -0.3325 和 -0.6478，呈单调下降趋势，且只有 *ROA* × *HBank_5* 在 5% 的显著性水平下显著为负，即公司参股银行的比例越高，其管理层薪酬业绩敏感性越差。研究表明，公司参股银行的比例越高，对银行的控制能力越强，相应地，银行对公司的监督作用就减弱，最终导致管理层薪酬业绩敏感性变差。

2. 参股大小银行与管理层薪酬业绩敏感性关系的检验

为证明参股小银行的公司其管理层薪酬业绩敏感性更差，本书将公司所持银行分为大银行和小银行，并检验公司参股大小银行对管理层薪酬业绩敏感性的影响。具体地，本书定义 *D_HBigBank* 和 *D_HSmallBank* 分别为持有大银行虚拟变量和持有小银行虚拟变量，其中大银行为股份制商业银行、城市商业银行、城市信用社，小银行为农村商业银行、农村合作银行、农村信用社和村镇银行。回归结果见表4－8Panel A。可以看出，在控制了行业、年度固定效应及其他影响高管薪酬的变量后，*ROA*×*D_HBigBank* 和 *ROA*×*D_HSmallBank* 的系数分别为－0.3556和－0.7759，且只有 *ROA*×*D_HSmallBank* 的系数在5%的显著性水平下显著为负，即参股小银行的公司其管理层薪酬业绩敏感性更差。研究表明，相对于大银行，公司更易对小银行产生影响，导致小银行对公司的监督作用下降，管理层薪酬业绩敏感性也随之变差。

3. 基于市场化水平的参股银行与管理层薪酬业绩敏感性关系的检验

为证明处于市场化水平较低地区的公司参股银行时，其管理层薪酬业绩敏感性更差，本书将样本按公司所处地区的市场化水平中位数分组，并分别检验地区市场化水平高低时参股银行对管理层薪酬业绩敏感性的影响。具体地，本书采取王小鲁，樊纲和余静文（2016）的《中国市场化指数（2011版）》中披露的总得分衡量各地区的市场化水平①。分组回归结果见表4－8 Panel B。可以看出，在控制了行业、年度固定效应及其他影响管理层薪酬的变量后，*ROA*×*HBank* 的系数在市场化水平较低和较高时分别为－0.5240和－0.5854，且只有当该地区的市场化水平较低时 *ROA*×*HBank* 的系数在1%的显著性水平下显著为负，即处于市场化水平较低地区的公司参股银行时，其管理层薪酬业绩敏感性更差。研究表明，地区的市场化水平越低，参股银行公司更易于干预所持银行的信贷资源配置，导致银行作为债权人的公司治理作用更弱，管理层薪酬业绩敏感性也随之更差。

4. 基于银行业竞争程度的参股银行与管理层薪酬业绩敏感性关系的检验

为证明处于银行业竞争程度较低地区的公司参股银行时，其管理层薪酬业绩敏感性更差，本书将样本按公司所处地区的银行业竞争程度中位数分组，并分别检验地区银行业竞争程度高低时参股银行对管理层薪酬业绩敏感性的影响。具体地，本书定义地区银行业竞争程度为该地区非国有银行资产占所有银行资产之比，该比值越高，银行业竞争程度也越高。分组回归结果见表4－8 Panel B。可以看出，在控制了行业、年度固定效应及其他影响管理层薪酬的变量后，

① 2009年以后年度数据以2009年为准。

$ROA \times HBank$ 的系数在地区银行业竞争程度较低和较高时分别为 -0.4454 和 -0.3598，且只有当该地区的银行业竞争程度较低时 $ROA \times HBank$ 的系数在10%的显著性水平下显著为负，即处于银行业竞争程度较低地区的公司参股银行时，其管理层薪酬业绩敏感性更差。研究表明，地区的银行业竞争程度越低，参股银行公司越倾向于干预所持银行的信贷资源配置，导致银行对公司的监督作用下降，管理层薪酬业绩敏感性随之变差。

5. 基于不良贷款率的参股银行与管理层薪酬业绩敏感性关系的检验

为证明处于不良贷款率较高地区的公司参股银行时，其管理层薪酬业绩敏感性更差，本书将样本按公司所处地区的不良贷款率中位数分组，并分别检验地区不良贷款率高低时参股银行对管理层薪酬业绩敏感性的影响。具体地，本书从中国银监会历年年报中获得各地区不良贷款率数据。分组回归结果见表4-8 Panel B。可以看出，在控制了行业、年度固定效应及其他影响管理层薪酬的变量后，$ROA \times HBank$ 的系数在地区不良贷款率较低和较高时分别为 -0.4657 和 -0.4874，且只有当该地区的不良贷款率较高时 $ROA \times HBank$ 的系数在5%的显著性水平下显著为负，即处于不良贷款率较高地区的公司参股银行时，其管理层薪酬业绩敏感性更差。研究表明，地区的不良贷款率越高，参股银行公司更倾向于干预所持银行的信贷资源配置，导致银行作为债权人的公司治理作用更弱，管理层薪酬业绩敏感性也随之变差。

表4-8 不同条件下参股银行与管理层薪酬业绩敏感性关系的检验

Panel A：参股银行比例、参股大小银行与管理层薪酬业绩敏感性的回归分析

变量	Pay		Pay	
	系数	t值	系数	t值
HBank_1_5	-0.0311	[-0.61]		
HBank_5	-0.1156*	[-1.82]		
ROA×HBank_1_5	-0.3325	[-1.43]		
ROA×HBank_5	-0.6478**	[-2.10]		
D_HBigBank			-0.0642	[-1.26]
D_HSmallBank			-0.0579	[-0.87]
ROA×D_HBigBank			-0.3556	[-1.59]
ROA×D_HSmallBank			-0.7759**	[-2.23]
ROA	0.6749***	[5.18]	0.6746***	[5.17]
Assets	0.3862***	[17.50]	0.3728***	[16.79]

续表

变量	Pay		Pay	
	系数	t 值	系数	t 值
PPE	-0.2564**	[-2.03]	-0.2316*	[-1.84]
BM	-0.3953***	[-4.46]	-0.3904***	[-4.39]
Leverage	-0.4165***	[-3.88]	-0.4010***	[-3.69]
AGE	0.0808	[1.19]	0.0860	[1.27]
Big4	0.5077***	[4.63]	0.5256***	[4.79]
Top1	-0.0011	[-0.83]	-0.0006	[-0.51]
CEODuality	0.0682	[1.48]	0.0778*	[1.68]
截距	5.3632***	[11.41]	5.5911***	[11.81]
Year Fixed Effects	控制		控制	
Industry Fixed Effects	控制		控制	
N	1328		1328	
Adj. R^2	0.409		0.407	
F	31.5685		31.3292	

注：以参股比例超过1%作为公司参股银行的标准。*HBank_1_5* 和 *HBank_5* 分别为参股银行比例在［1%，5%）和［5%，100%］的虚拟变量。*D_HBigBank* 和 *D_HSmallBank* 分别为持有大小银行虚拟变量，大银行为股份制商业银行、城市商业银行、城市信用社，小银行为农村商业银行、农村合作银行、农村信用社和村镇银行。同一公司同一年度若持有多家银行股权，则仅计算一次，且以参股比例最高者为准。匹配样本采用核匹配法从样本区间内从未参股银行的公司中获取。方括号内为t值，***、**、*分别表示1%、5%、10%的显著性水平。

Panel B：基于地区市场化水平、银行业竞争程度、不良贷款率的参股银行与管理层薪酬业绩敏感性回归分析

变量	Pay		Pay		Pay	
	地区市场化水平		地区银行业竞争程度		地区不良贷款率水平	
	低	高	低	高	低	高
HBank	-0.0181 [-0.38]	-0.1469* [-1.88]	0.0365 [0.66]	-0.1336** [-2.46]	-0.1354** [-2.12]	-0.0433 [-0.89]
ROA	3.2724*** [7.04]	2.9417*** [4.06]	3.1092*** [5.32]	3.1286*** [5.40]	3.5349*** [5.22]	3.0486*** [6.17]
ROA × HBank	-0.5240*** [-2.79]	-0.5854 [-0.97]	-0.4454* [-1.76]	-0.3598 [-1.37]	-0.4657 [-1.54]	-0.4874** [-2.10]
Assets	0.3579*** [13.32]	0.3607*** [10.05]	0.3809*** [12.38]	0.3671*** [11.75]	0.3324*** [9.03]	0.3867*** [14.19]

续表

变量	Pay		Pay		Pay	
	地区市场化水平		地区银行业竞争程度		地区不良贷款率水平	
	低	高	低	高	低	高
PPE	-0.3183** [-2.15]	0.1418 [0.65]	-0.0279 [-0.15]	-0.3177* [-1.89]	-0.0667 [-0.32]	-0.2267 [-1.43]
BM	-0.3039*** [-2.69]	-0.2424* [-1.76]	-0.3599*** [-2.95]	-0.1648 [-1.31]	-0.2251 [-1.51]	-0.3139*** [-2.81]
Leverage	0.2324* [1.71]	-0.6244*** [-3.47]	-0.1790 [-1.15]	-0.2613* [-1.70]	-0.3903** [-2.16]	-0.0131 [-0.10]
AGE	0.1390 [1.63]	0.0422 [0.41]	-0.0046 [-0.05]	0.1820* [1.89]	0.1257 [1.15]	0.1065 [1.25]
Big4	0.2023 [1.22]	0.6569*** [4.58]	0.4493*** [2.77]	0.5100*** [3.38]	0.7137*** [4.34]	0.3110** [2.10]
Top1	0.0003 [0.17]	-0.0046** [-2.28]	0.0014 [0.75]	-0.0054*** [-3.07]	-0.0035* [-1.67]	-0.0002 [-0.13]
CEO Duality	0.0673 [1.09]	0.0458 [0.69]	-0.1546** [-2.41]	0.0864 [1.40]	0.0576 [0.76]	0.0843 [1.46]
截距	5.2037*** [9.17]	6.1657*** [7.97]	5.4460*** [7.94]	5.5647*** [8.78]	6.3359*** [8.25]	4.9061*** [8.36]
Year Fixed Effects	控制	控制	控制	控制	控制	控制
Industry Fixed Effects	控制	控制	控制	控制	控制	控制
N	752	576	644	684	530	798
Adj. R^2	0.485	0.380	0.440	0.409	0.418	0.427
F	26.2442	13.5469	18.8083	17.5685	14.5485	22.1506

注：以参股比例超过1%作为公司参股银行的标准。同一公司同一年度若持有多家银行股权，则仅计算一次。各地区市场化水平数据取自王小鲁，樊纲和余静文（2016）《中国市场化指数（2011版）》中的总得分。地区银行业竞争程度为该地区非国有银行资产占所有银行资产之比。各地区不良贷款率数据取自中国银监会历年年报。匹配样本采用核匹配法从样本区间内从未参股银行的公司中获取。方括号内为t值，***、**、*分别表示1%、5%、10%的显著性水平。

4.3.4 稳健性检验

1. 采用不同样本匹配方法的稳健性检验

前文报告了核匹配法下的实证结果，为获得更稳健的结果，本书还分别采用最近邻匹配法和半径匹配法获得匹配样本，并检验参股银行与公司管理层薪酬业绩敏感性的关系，回归结果见表4－9 Panel A。可以看出，不管是采用最近邻匹配法还是半径匹配法，*ROA*×*HBank* 变量的系数均在1%的显著性水平上显著为负，即参股银行公司的薪酬业绩敏感性更低。

表4－9　参股银行与管理层薪酬业绩敏感性关系的稳健性检验

Panel A：采用最近邻匹配和半径匹配法的稳健性检验

变量	Pay		Pay	
	最近邻匹配法		半径匹配法	
	系数	t值	系数	t值
HBank	－0.1035***	[－2.70]	－0.0836**	[－2.16]
ROA	3.2669***	[8.32]	3.2513***	[8.17]
ROA×*HBank*	－0.4971***	[－2.74]	－0.4994***	[－2.73]
Assets	0.3694***	[17.10]	0.3852***	[17.18]
PPE	－0.1109	[－0.90]	－0.1580	[－1.24]
BM	－0.2606***	[－2.95]	－0.2943***	[－3.25]
Leverage	－0.1408	[－1.30]	－0.1639	[－1.49]
AGE	0.1181*	[1.74]	0.1046	[1.55]
Big4	0.4560***	[4.22]	0.4704***	[4.30]
Top1	－0.0023*	[－1.89]	－0.0024*	[－1.88]
CEODuality	0.0912**	[2.01]	0.0723	[1.57]
截距	5.3729***	[11.58]	5.0953***	[10.60]
Year Fixed Effects	控制		控制	
Industry Fixed Effects	控制		控制	
N	1328		1308	
Adj. R^2	0.434		0.427	
F	37.3167		35.8014	

注：以参股比例超过1%作为公司参股银行的标准。同一公司同一年度若持有多家银行股权，则仅计算一次。匹配样本从样本区间内从未参股银行的公司中获取。方括号内为t值，***、**、*分别表示1%、5%、10%的显著性水平。

2. 以参股比例超过3%作为公司参股银行的标准

前文以公司参股银行比例超过1%作为公司参股银行的标准，为获取更稳健的结果，本书进一步使用参股银行比例超过3%作为公司参股银行的标准，并检验参股银行对公司管理层薪酬业绩敏感性的影响，回归结果见表4－9 Panel B。可以看出，*ROA*×*HBank* 变量的系数在5%的显著性水平上显著为负，即参股银行公司的薪酬业绩敏感性更低。

Panel B：以参股比例超过 3% 作为公司参股银行标准的稳健性检验		
变量	Pay	
	系数	t 值
HBank	-0.1057**	[-2.09]
ROA	3.2059***	[6.10]
ROA × HBank	-0.5976**	[-2.21]
Assets	0.3853***	[13.84]
PPE	-0.0655	[-0.41]
BM	-0.3054**	[-2.57]
Leverage	-0.1625	[-1.13]
AGE	0.0699	[0.81]
*Big*4	0.4019***	[3.10]
*Top*1	-0.0035**	[-2.18]
CEODuality	0.1343**	[2.19]
截距	5.1060***	[8.81]
Year Fixed Effects	控制	
Industry Fixed Effects	控制	
N	846	
Adj. R^2	0.442	
F	24.9167	

注：以参股比例超过 3% 作为公司参股银行的标准。同一公司同一年度若持有多家银行股权，则仅计算一次。匹配样本采用核匹配法从样本区间内从未参股银行的公司中获取。方括号内为 t 值，***、**、* 分别表示 1%、5%、10% 的显著性水平。

4.4　公司参股银行与公司会计稳健性

4.4.1　倾向性得分匹配结果

为获得倾向性得分，本书对式（4-1）进行回归，结果见表 4-10。可以看出，在控制了年度和行业固定效应后，规模变量（*Assets*）的系数在1%的显著性水平下显著为正，账市比变量（*BM*）的系数在5%的显著性水平下显著为负，杠杆变量（*Leverage*）的系数在1%的显著性水平下显著为正，市场化水平变量（*Marketilization*）的系数在1%的显著性水平下显著为负，销售收入增长率变量（*Sales Growth*）的系数在5%的显著性水平下显著为负，而公司业绩变量（*ROA*）的系数则不显著。可见，规模越大的公司、成长性越好的公司、杠杆越大的公司、销售增长率越低的公司及市场化水平越低地区的公司越倾向于参股银行。最终，在全部564个参股银行的公司年度观测中，本书为其中的545个找到了合适的配对样本，其余19个因不满足共同支撑假设而无法找到合适的配对样本。

表4-10　　　　公司参股银行影响因素的回归分析

变量	系数	t值
Assets	0.6649***	[11.67]
ROA	1.1908	[1.20]
BM	-0.5683**	[-2.49]
Leverage	0.7986***	[2.77]
Marketilization	-0.0973***	[-3.97]
Sales Growth	-0.1745**	[-2.15]
截距	-15.3591***	[-13.61]
Year Fixed Effects	控制	
Industry Fixed Effects	控制	
N	5216	
Pseudo R^2	0.093	
Chi2	327.4278	

注：以参股比例超过1%作为公司参股银行的标准。同一公司同一年度若持有多家银行股权，则仅计算一次。未参股银行公司为样本区间内从未参股银行的公司。方括号内为t值，***、**、*分别表示1%、5%、10%的显著性水平。

为检验倾向性得分法的匹配效果，即匹配后的样本是否在公司特征上与参股银行样本不存在显著差异，本书对比了核匹配法匹配前后不同公司特征的差异，结果见表4-11。可以看出，匹配前参股银行公司在规模（*Assets*）、财务杠杆（*Leverage*）、市场化水平（*Marketilization*）等特征上与未参股银行公司有显著差异，而采用核匹配法匹配后，两者在各个公司特征上均不存在显著差异。此外，匹配前参股银行组的倾向性得分（*Propensity Score*）显著高于未参股银行组，而匹配后两者不存在任何差异。可见，采用核匹配法后对照组与参股银行组在各个公司特征上已不存在显著差异。

表 4 – 11　　　　匹配前后公司特征差异比较

变量	样本	参股银行组	对照组	偏差（%）	降幅（%）	t 值
Assets	匹配前	21.6280	21.0540	61.8		13.77***
	匹配后	21.6110	21.5570	5.9	90.5	0.92
ROA	匹配前	0.0439	0.0430	1.6		0.34
	匹配后	0.0439	0.0435	0.7	56.8	0.12
BM	匹配前	0.6859	0.6795	2.3		0.47
	匹配后	0.6864	0.6850	0.5	77.9	0.09
Leverage	匹配前	0.4971	0.4171	39.6		8.22***
	匹配后	0.4961	0.4926	1.8	95.5	0.30
Marketilization	匹配前	8.5876	9.1057	–23.8		–5.53***
	匹配后	8.6200	8.6373	–0.8	96.7	–0.13
Sales Growth	匹配前	0.2522	0.2902	–5.6		–1.15
	匹配后	0.2537	0.2462	1.1	80.4	0.21
Propensity Score	匹配前	0.1690	0.0982	74.1		19.73***
	匹配后	0.1642	0.1590	5.5	92.6	0.84

注：以参股比例超过 1% 作为公司参股银行的标准。同一公司同一年度若持有多家银行股权，则仅计算一次。对照组样本从样本区间内从未参股银行的公司中获取。均值差异采用 t 检验，***、**、* 分别表示 1%、5%、10% 的显著性水平。

图 4 – 4 绘制了核匹配法匹配前后的密度函数图。可以看出，在采用核匹配法匹配前，参股银行公司和对照组公司的密度函数有显著差异，而通过核匹配法筛选出的对照组公司与参股银行公司的密度函数图则极为相似。可见，采用核匹配法获得的对照组公司很好地实现了匹配目标。

4.4.2　参股银行与公司会计稳健性关系的检验

为证明参股银行公司的会计稳健性更差，本书检验参股银行对公司会计稳健性的影响。具体地，参考 Basu（1997），本书建立如下回归模型：

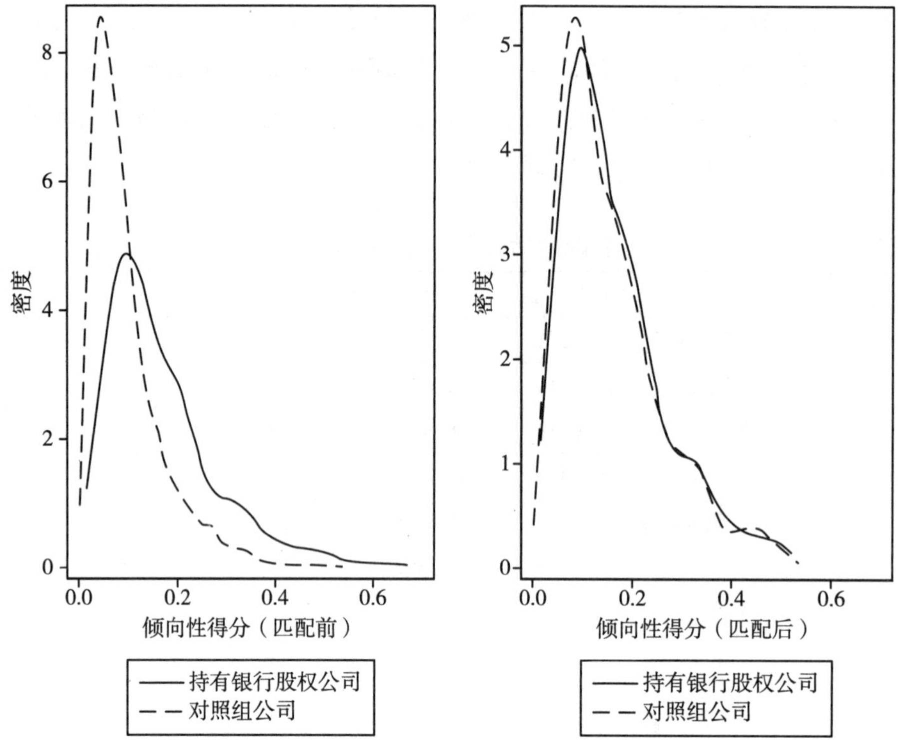

图 4-4　核匹配前后密度函数图

注：图中左侧为核匹配法下倾向性得分匹配前的密度函数图，右侧为倾向性得分匹配后的密度函数图。其中，横轴为倾向性得分，纵轴为概率密度。实线代表参股银行公司的密度函数图，虚线代表对照组公司的密度函数图，对照组观测从样本区间内从未参股银行的公司中获取。

$$\begin{aligned}\Delta NI_t = {} & \beta_0 + \beta_1 \Delta NI_{t-1} + \beta_2 D\Delta NI_{t-1} + \beta_3 D\Delta NI_{t-1} \times \Delta NI_{i,t-1} + \beta_4 \Delta NI_{t-1} \\ & \times HBank + \beta_5 D\Delta NI_{t-1} \times HBank + \beta_6 D\Delta NI_{t-1} \times \Delta NI_{i,t-1} \times HBank \\ & + \beta_7 \Delta NI_{t-1} \times Controls + \beta_8 D\Delta NI_{t-1} \times Controls + \beta_9 D\Delta NI_{t-1} \\ & \times \Delta NI_{i,t-1} \times Controls + \sum Year + \sum Industry + \varepsilon_{i,t} \end{aligned} \quad (4-3)$$

其中，ΔNI_t、ΔNI_{t-1}为公司第 t 年、第 $t-1$ 年净利润的变动；当公司第$t-1$年亏损时，即 $\Delta NI_{t-1}<0$，此时虚拟变量 $D\Delta NI_{t-1}$取 1，否则取 0；$HBank$ 为公司是否参股银行虚拟变量。

式（4-3）的回归结果见表 4-12。式（4-3）中 β_6 代表参股银行公司与未参股银行公司的会计稳健性差异，本书预期 β_6 的系数应显著为正。表 4-12 第 2-3 列为全样本的回归结果，可以看出，在控制了行业、年度固定效应及其他影响公司会计稳健性的变量后，$\Delta NI_{t-1} \times D\Delta NI_{t-1} \times HBank$ 的系数为 0.4054，在1%的显著性水平下显著为正。第4－5列为核匹配法匹配后的样本回归结果，可以看出，在考虑了公司参股银行的内生性，并控制了行业、年度固定效应及其他影响公司会计稳健性的变量后，$\Delta NI_{t-1} \times D\Delta NI_{t-1} \times HBank$ 的系数为0.3983，在1%的显著性水平下显著为正。上述结果表明，与未参股银行公司相比，参股银行公司的会计稳健性更差。

表 4－12　　参股银行与公司会计稳健性关系的检验

变量	全样本		匹配样本	
	ΔNI_t		ΔNI_t	
	系数	t 值	系数	t 值
HBank	0.0037	[1.24]	0.0041	[1.17]
ΔNI_{t-1}	0.6518***	[2.88]	0.2149	[0.39]
$D\Delta NI_{t-1}$	0.2334***	[2.95]	-0.1689	[-0.92]
$\Delta NI_{t-1} \times D\Delta NI_{t-1}$	-0.7068***	[-9.85]	-0.7203***	[-4.86]
$\Delta NI_{t-1} \times HBank$	-0.2323***	[-3.26]	-0.2505***	[-3.33]
$D\Delta NI_{t-1} \times HBank$	0.0204	[1.63]	0.015	[1.00]
$\Delta NI_{t-1} \times D\Delta NI_{t-1} \times HBank$	0.4054***	[4.09]	0.3983***	[3.47]
截距	-0.0488***	[-11.95]	-0.0418***	[-4.99]
Controls	控制		控制	
Year Fixed Effects	控制		控制	
Industry Fixed Effects	控制		控制	
N	5454		1090	
Adj. R^2	0.165		0.178	
F	28.5842		7.1766	

注：以参股比例超过1%作为公司参股银行的标准。同一公司同一年度若持有多家银行股权，则仅计算一次。匹配样本采用核匹配法从样本区间内从未参股银行的公司中获取。方括号内为t值，***、**、*分别表示1%、5%、10%的显著性水平。

4.4.3　不同条件下参股银行与公司会计稳健性关系的检验

1. 参股银行比例与公司会计稳健性关系的检验

为证明参股银行比例更大的公司会计稳健性更差，本书检验参股银行比例高低对公司会计稳健性的影响。具体地，本书定义 *HBank_1_5* 和 *HBank_5* 分别为参股银行比例在［1%，5%）和［5%，100%］的虚拟变量。回归结果见表4－13 Panel A。可以看出，在控制了行业、年度固定效应及其他影响公司会计稳健性的变量后，$\Delta NI_{t-1} \times D\Delta NI_{t-1} \times HBank\_1\_5$ 和 $\Delta NI_{t-1} \times D\Delta NI_{t-1} \times HBank\_5$ 的系数分别为0.2841和0.4437，呈单调上升趋势，即公司参股银行的比例越高，其会计稳健性越差。研究表明，公司参股银行的比例越高，对银行的控制能力越强，相应地，银行对公司的监督作用就减弱，最终导致公司会计稳健性变差。

2. 参股大小银行与公司会计稳健性关系的检验

为证明参股小银行的公司会计稳健性更低，本书将公司所持银行分为大银行和小银行，并检验公司参股大小银行对公司会计稳健性的影响。具体地，本书定义 *D_HBigBank* 和 *D_HSmallBank* 分别为持有大银行虚拟变量和持有小银行虚拟变量，其中大银行为股份制商业银行、城市商业银行、城市信用社，小银行为农村商业银行、农村合作银行、农村信用社和村镇银行。回归结果见表4－13 Panel A。可以看出，在控制了行业、年度固定效应及其他影响公司会计稳健性的变量后，$\Delta NI_{t-1} \times D\Delta NI_{t-1} \times D\_HBigBank$ 的系数为0.1919，且不显著，$\Delta NI_{t-1} \times D\Delta NI_{t-1} \times D\_HSmallBank$ 的系数为0.5031，且在1%的显著性水平下显著为正，即参股小银行的公司会计稳健性更差。研究表明，相对大银行，公司更易对小银行产生影响，导致小银行对公司的监督作用下降，公司会计稳健性也随之降低。

3. 基于市场化水平的参股银行与公司会计稳健性关系的检验

为证明处于市场化水平较低地区的公司参股银行时，其公司会计稳健性更差，本书将样本按公司所处地区的市场化水平中位数分组，并分别检验地区市场化水平高低时参股银行对公司会计稳健性的影响。具体地，本书采取王小鲁，樊纲和余静文（2016）的《中国市场化指数（2011版）》中披露的总得分衡量各地区的市场化水平①。分组回归结果见表4－13 Panel B。可以看出，在控制了行业、年度固定效应及其他影响公司会计稳健性的变量后，$\Delta NI_{t-1} \times D\Delta NI_{t-1} \times HBank$ 的系数在市场化水平较低和较高时分别为0.4923和0.0140，且只有当该地区的市场化水平较低时 $\Delta NI_{t-1} \times D\Delta NI_{t-1} \times HBank$ 的系数在1%的显著性水平

① 2009年以后年度数据以2009年为准。

下显著为正，即处于市场化水平较低地区的公司参股银行时，其公司会计稳健性更差。研究表明，地区的市场化水平越低，参股银行公司更易于干预所持银行的信贷资源配置，导致银行作为债权人的公司治理作用更弱，公司会计稳健性也随之降低。

4. 基于银行业竞争程度的参股银行与公司会计稳健性关系的检验

为证明处于银行业竞争程度较低地区的公司参股银行时，其公司会计稳健性更低，本书将样本按公司所处地区的银行业竞争程度中位数分组，并分别检验地区银行业竞争程度高低时参股银行对公司会计稳健性的影响。具体地，本书定义地区银行业竞争程度为该地区非国有银行资产占所有银行资产之比，该比值越高，银行业竞争程度也越高。分组回归结果见表4－13 Panel B。可以看出，在控制了行业、年度固定效应及其他影响公司会计稳健性的变量后，$\Delta NI_{t-1} \times D\Delta NI_{t-1} \times HBank$ 的系数在银行业竞争程度较低和较高时分别为0.4250和0.2005，且只有当该地区的银行业竞争程度较低时 $\Delta NI_{t-1} \times D\Delta NI_{t-1} \times HBank$ 的系数在1%的显著性水平下显著为正，即处于银行业竞争程度较低地区的公司参股银行时，其公司会计稳健性更低。研究表明，地区的银行业竞争程度越低，参股银行公司越倾向于干预所持银行的信贷资源配置，导致银行对公司的监督作用下降，公司会计稳健性随之降低。

5. 基于不良贷款率的参股银行与公司会计稳健性关系的检验

为证明处于不良贷款率较高地区的公司参股银行时，其公司会计稳健性更低，本书将样本按公司所处地区的不良贷款率中位数分组，并分别检验地区不良贷款率高低时参股银行对公司会计稳健性的影响。具体地，本书从中国银监会历年年报中获得各地区不良贷款率数据。分组回归结果见表4－13Panel B。可以看出，在控制了行业、年度固定效应及其他影响公司会计稳健性的变量后，$\Delta NI_{t-1} \times D\Delta NI_{t-1} \times HBank$ 的系数在不良贷款率较低和较高时分别为0.0847和0.4193，且只有当该地区的不良贷款率水平较高时 $\Delta NI_{t-1} \times D\Delta NI_{t-1} \times HBank$ 的系数在1%的显著性水平下显著为正，即处于不良贷款率较高地区的公司参股银行时，其公司会计稳健性更差。研究表明，地区的不良贷款率越高，参股银行公司更倾向于干预所持银行的信贷资源配置，导致银行作为债权人的公司治理作用下降，公司会计稳健性也随之降低。

表 4－13　　不同条件下参股银行与公司会计稳健性关系的检验

Panel A：参股银行比例、参股大小银行与公司会计稳健性的回归分析

变量	ΔNI_t		ΔNI_t	
	系数	t 值	系数	t 值
HBank_1_5	0.0022	[0.52]		
HBank_5	0.0067	[1.47]		
ΔNI_{t-1}	0.2687	[0.49]	0.3813	[0.69]
$D\Delta NI_{t-1}$	-0.0855	[-0.46]	-0.1703	[-0.92]
$\Delta NI_{t-1} \times D\Delta NI_{t-1}$	-0.8022***	[-5.26]	-0.7708***	[-4.89]
ΔNI_{t-1} × *HBank_1_5*	-0.2337***	[-2.81]		
ΔNI_{t-1} × *HBank_5*	-0.3169**	[-2.34]		
$D\Delta NI_{t-1}$ × *HBank_1_5*	0.0078	[0.47]		
$D\Delta NI_{t-1}$ × *HBank_5*	0.0532**	[2.01]		
$\Delta NI_{t-1} \times D\Delta NI_{t-1}$ × *HBank_1_5*	0.2841*	[1.76]		
$\Delta NI_{t-1} \times D\Delta NI_{t-1}$ × *HBank_5*	0.4437**	[2.56]		
D_HBigBank			0.0054	[1.33]
D_HSmallBank			0.0021	[0.43]
ΔNI_{t-1} × *D_HBigBank*			-0.2275**	[-2.48]
ΔNI_{t-1} × *D_HSmallBank*			-0.2743***	[-2.61]
$D\Delta NI_{t-1}$ × *D_HBigBank*			0.0059	[0.36]
$D\Delta NI_{t-1}$ × *D_HSmallBank*			0.0426	[1.59]
$\Delta NI_{t-1} \times D\Delta NI_{t-1}$ × *D_HBigBank*			0.1919	[1.24]
$\Delta NI_{t-1} \times D\Delta NI_{t-1}$ × *D_HSmallBank*			0.5031***	[3.02]
截距	-0.0415***	[-4.95]	-0.0419***	[-5.01]
Controls	控制		控制	
Year Fixed Effects	控制		控制	
Industry Fixed Effects	控制		控制	
N	1090		1090	
Adj. R^2	0.179		0.180	
F	6.6591		6.6851	

注：以参股比例超过1%作为公司参股银行的标准。*HBank_1_5* 和 *HBank_5* 分别为参股银行比例在［1%，5%）和［5%，100%］的虚拟变量。*D_HBigBank* 和 *D_HSmallBank* 分别为持有大小银行虚拟变量，大银行为股份制商业银行、城市商业银行、城市信用社，小银行为农村商业银行、农村合作银行、农村信用社和村镇银行。同一公司同一年度若持有多家银行股权，则仅计算一次，且以参股比例最高者为准。匹配样本采用核匹配法从样本区间内从未参股银行的公司中获取。方括号内为 t 值，***、**、*分别表示1%、5%、10%的显著性水平。

Panel B：基于地区市场化水平、银行业竞争程度、不良贷款率的参股银行与公司会计稳健性的回归分析

变量	ΔNI_t		ΔNI_t		ΔNI_t	
	地区市场化水平		地区银行业竞争程度		地区不良贷款率水平	
	低	高	低	高	低	高
HBank	0.0008 [0.15]	0.0067 [1.44]	0.003 [0.55]	0.0063 [1.28]	0.0094 * [1.77]	0.0011 [0.23]
ΔNI_{t-1}	-0.1609 [-0.22]	0.6269 [0.65]	0.0636 [0.08]	0.1138 [0.12]	-0.8409 [-0.67]	-0.1381 [-0.18]
$D\Delta NI_{t-1}$	-0.1941 [-0.78]	0.0951 [0.32]	-0.2947 [-1.18]	0.2827 [0.90]	0.0756 [0.26]	-0.1523 [-0.60]
$\Delta NI_{t-1} \times D\Delta NI_{t-1}$	-0.8037 *** [-4.17]	-0.4466 [-1.23]	-0.7583 *** [-3.80]	-0.5836 * [-1.90]	-0.7828 *** [-3.39]	-0.5414 ** [-2.08]
$\Delta NI_{t-1} \times HBank$	-0.3379 *** [-3.41]	-0.0644 [-0.52]	-0.2408 ** [-2.22]	-0.1866 [-1.60]	-0.1198 [-0.81]	-0.3203 *** [-3.50]
$D\Delta NI_{t-1} \times HBank$	0.0104 [0.54]	0.0311 [0.78]	0.0217 [1.02]	0.0314 [1.15]	-0.0029 [-0.13]	0.0357 [1.61]
$\Delta NI_{t-1} \times D\Delta NI_{t-1} \times HBank$	0.4923 *** [3.36]	0.0140 [0.03]	0.4250 *** [2.63]	0.2005 [0.92]	0.0847 [0.36]	0.4193 *** [2.73]
截距	-0.0481 *** [-3.91]	-0.0328 *** [-2.94]	-0.0508 *** [-3.99]	-0.0349 *** [-3.07]	-0.0396 *** [-3.40]	-0.0414 *** [-3.39]
Controls	控制	控制	控制	控制	控制	控制
Year Fixed Effects	控制	控制	控制	控制	控制	控制
Industry Fixed Effects	控制	控制	控制	控制	控制	控制
N	610	480	538	552	442	648
Adj. R^2	0.192	0.12	0.22	0.107	0.196	0.158
F	4.7939	2.6913	4.9817	2.717	3.7962	4.1667

注：以参股比例超过 1% 作为公司参股银行的标准。同一公司同一年度若持有多家银行股权，则仅计算一次。各地区市场化水平数据取自王小鲁，樊纲和余静文（2016）《中国市场化指数（2011 版）》中的总得分。地区银行业竞争程度为该地区非国有银行资产占所有银行资产之比。同一公司同一年度若持有多家银行股权，则仅计算一次。各地区不良贷款率数据取自中国银监会历年年报。匹配样本采用核匹配法从样本区间内从未参股银行的公司中获取。方括号内为 t 值，***、**、* 分别表示 1%、5%、10% 的显著性水平。

4.4.4　稳健性检验

1. 采用不同样本匹配方法的稳健性检验

前文报告了核匹配法下的实证结果，为获得更稳健的结果，本书还分别采

用最近邻匹配法和半径匹配法获得匹配样本，并检验参股银行与公司会计稳健性的关系，回归结果见表4－14Panel A。可以看出，不管是采用最近邻匹配法还是半径匹配法，$\Delta NI_{t-1} \times D\Delta NI_{t-1} \times HBank$ 的系数至少在5%的显著性水平下显著为正，即参股银行公司的会计稳健性更差。

表4－14　　参股银行与公司会计稳健性关系的稳健性检验

Panel A：采用最近邻匹配和半径匹配法的稳健性检验

变量	ΔNI_t		ΔNI_t	
	最近邻匹配法		半径匹配法	
	系数	t值	系数	t值
HBank	0.0039	[1.08]	0.0043	[1.20]
ΔNI_{t-1}	0.1467	[0.19]	0.4486	[0.81]
$D\Delta NI_{t-1}$	-0.1081	[-0.56]	-0.2623	[-1.47]
$\Delta NI_{t-1} \times D\Delta NI_{t-1}$	-0.6754***	[-4.49]	-0.7491***	[-5.14]
$\Delta NI_{t-1} \times HBank$	-0.2144***	[-2.82]	-0.2369***	[-3.16]
$D\Delta NI_{t-1} \times HBank$	0.0214	[1.44]	0.0145	[0.97]
$\Delta NI_{t-1} \times D\Delta NI_{t-1} \times HBank$	0.2558**	[2.22]	0.3935***	[3.41]
截距	-0.0386***	[-4.49]	-0.0397***	[-4.75]
Controls	控制		控制	
Year Fixed Effects	控制		控制	
Industry Fixed Effects	控制		控制	
N	1090		1088	
Adj. R^2	0.199		0.188	
F	8.1230		7.6005	

注：以参股比例超过1%作为公司参股银行的标准。同一公司同一年度若持有多家银行股权，则仅计算一次。匹配样本从样本区间内从未参股银行的公司中获取。方括号内为t值，***、**、*分别表示1%、5%、10%的显著性水平。

2. 以参股比例超过3%作为公司参股银行的标准

前文以公司参股银行比例超过1%作为公司参股银行的标准，为获取更稳健的结果，本书进一步使用参股银行比例超过3%作为公司参股银行的标准，并检验参股银行对公司会计稳健性的影响，回归结果见表4－14Panel B。可以看出，$\Delta NI_{t-1} \times D\Delta NI_{t-1} \times HBank$ 的系数在1%的显著性水平下显著为正，即参股银行公司的会计稳健性更差。

Panel B：以参股比例超过3%作为公司参股银行标准的稳健性检验

变量	ΔNI_t	
	系数	t值
$HBank$	0.0037	[0.87]
ΔNI_{t-1}	0.0516	[0.08]
$D\Delta NI_{t-1}$	-0.0192	[-0.09]
$\Delta NI_{t-1}\times D\Delta NI_{t-1}$	-0.7440***	[-3.90]
$\Delta NI_{t-1}\times HBank$	-0.3956***	[-4.25]
$D\Delta NI_{t-1}\times HBank$	0.0397**	[1.99]
$\Delta NI_{t-1}\times D\Delta NI_{t-1}\times HBank$	0.4872***	[3.17]
截距	-0.0378***	[-4.18]
Controls	控制	
Year Fixed Effects	控制	
Industry Fixed Effects	控制	
N	699	
Adj. R^2	0.209	
F	5.8440	

注：以参股比例超过3%作为公司参股银行的标准。同一公司同一年度若持有多家银行股权，则仅计算一次。匹配样本采用核匹配法从样本区间内从未参股银行的公司中获取。方括号内为t值，***、**、*分别表示1%、5%、10%的显著性水平。

4.5 公司参股银行与公司盈余持续性

4.5.1 倾向性得分匹配结果

参考Guo and Fraser（2009）、Armstrong，Jagolinzer and Larcker（2010）和Lawrence，Minutti－Meza and Zhang（2011），本书使用logit模型估计公司参股银行的概率。同时，由于倾向性得分法并不需要满足排他性限制条件（Li and Prabhala，2007），本书使用一系列公司特征变量来估计倾向性得分，其中也包含后续回归中所使用的其他控制变量。具体地，本书使用规模（*Assets*）、账市比（*BM*）、公司杠杆（*Leverage*）、盈利能力（*ROA*）、固定资产占比（*PPE*）、应计盈余（*ACC*）、非经常性损益（*SI*）、是否发放股利哑变量（*DIV*）、公司成立时间（*AGE*）、产品市场竞争程度（*HHI*）、市场化指数（*Marketilization*）、后续盈余持续性回归中控制的交互项及年度（*Year*）和行业（*Industry*）虚拟变量来估计公司参股银行的概率，并计算倾向性得分，具体回归模型见式（4-4）：

$$\begin{aligned} HBank = {} & \beta_0 + \beta_1 Assets + \beta_2 BM + \beta_3 Leverage + \beta_4 ROA + \beta_5 PPE + \beta_6 ACC \\ & + \beta_7 SI + \beta_8 DIV + \beta_9 AGE + \beta_{10} HHI + \beta_{11} Marketilization + \beta_{12} E \times Assets \\ & + \beta_{13} E \times BM + \beta_{14} E \times ACC + \beta_{15} E \times SI + \beta_{16} E \times DIV + \beta_{17} E \times AGE \\ & + \beta_{18} E \times HHI + \sum Year + \sum Industry + \varepsilon_{i,t} \end{aligned} \tag{4-4}$$

为获得倾向性得分，本书对式（4-4）进行回归，结果见表4-15。可以看出，在控制了年度和行业固定效应后，规模变量（*Assets*）的系数在1%的显著性水平下显著为正，账市比变量（*BM*）的系数在1%的显著性水平下显著为负，盈利能力变量（*ROA*）的系数在1%的显著性水平下显著为正，公司成立时间变量（*AGE*）的系数在1%的显著性水平下显著为正，产品市场竞争变量（*HHI*）的系数在1%的显著性水平下显著为负，市场化水平变量（*Marketilization*）的系数在1%的显著性水平下显著为负，而公司杠杆（*Leverage*）、固定资产占比（*PPE*）、应计盈余（*ACC*）、非经常性损益（*SI*）、是否发放股利（*DIV*）等变量的系数不显著。可见，规模越大的公司、成长性越好的公司、盈利能力越强的公司、成立时间越长的公司、行业产品市场竞争越激烈的公司、市场化水平越低地区的公司越倾向于参股银行。最终，在全部587个参股银行公司的公司年度观测中，本书为其中的573个找到了合适的配对样本，其余14个因不满足共同支撑假设而无法找到合适的配对样本。

表4-15　　　　公司参股银行影响因素的回归分析

变量	系数	t值
$Assets_t$	0.7348***	[12.20]
BM_t	-0.9279***	[-3.21]
$Leverage_t$	0.2732	[0.95]
ROA_t	13.7630***	[3.04]
PPE_t	-0.2975	[-0.97]

续表

变量	系数	t 值
ACC_t	-0.0517	[-0.08]
SI_t	1.9409	[0.71]
DIV_t	-0.0127	[-0.06]
AGE_t	0.7425***	[3.44]
HHI_t	-8.7019***	[-4.73]
$Marketilization_t$	-0.0973***	[-4.25]
$E_t \times Assets_t$	-0.9193*	[-1.88]
$E_t \times BM_t$	6.7827**	[2.31]
$E_t \times ACC_t$	-15.4028*	[-1.88]
$E_t \times SI_t$	30.7065	[1.25]
$E_t \times DIV_t$	-3.4139	[-0.99]
$E_t \times AGE_t$	78.4152***	[3.62]
$E_t \times HHI_t$	-0.7810	[-0.25]
截距	-17.5421***	[-14.79]
Year Fixed Effects	控制	
Industry Fixed Effects	控制	
N	6181	
Pseudo R^2	0.121	
Chi2	469.8760	

注：以参股比例超过 1% 作为公司参股银行的标准。同一公司同一年度若持有多家银行股权，则仅计算一次。未参股银行公司为样本区间内从未参股银行的公司。方括号内为 t 值，***、**、* 分别表示 1%、5%、10% 的显著性水平。

为检验倾向性得分法的匹配效果，即匹配后的样本是否在公司特征上与参股银行的样本不存在显著差异，本书对比了核匹配法下匹配前后不同公司特征的差异，结果见表 4-16。可以看出，匹配前参股银行公司和未参股银行公司在多个公司特征上具有显著差异，而采用核匹配法匹配后，两者在各个公司特征上均不存在显著差异。此外，匹配前参股银行组的倾向性得分（*Propensity Score*）显著高于未参股银行组，而匹配后两者不存在任何差异。可见，采用核匹配法匹配后对照组与参股银行组在各个公司特征上已不存在显著差异。

表 4－16　　　　　　　匹配前后公司特征差异比较

变量	样本	参股银行组	对照组	偏差（%）	降幅（%）	t 值
Assets	匹配前	21.7220	21.0820	66.8		15.51***
	匹配后	21.6850	21.6390	4.8	92.9	0.76
BM	匹配前	0.6874	0.7202	－8.6		－1.69
	匹配后	0.6863	0.6911	－1.3	85.2	－0.28
Leverage	匹配前	0.4924	0.4000	45.4		9.81***
	匹配后	0.4913	0.4860	2.6	94.3	0.45
ROA	匹配前	0.0430	0.0456	－4.6		－0.99
	匹配后	0.0429	0.0425	0.8	82.9	0.14
PPE	匹配前	0.2771	0.2521	15.1		3.40***
	匹配后	0.2764	0.2746	1.1	93.0	0.17
ACC	匹配前	－0.0034	0.0074	－12.2		－2.76***
	匹配后	－0.0038	－0.0030	－0.8	93.1	－0.14
SI	匹配前	0.0093	0.0093	0.3		0.07
	匹配后	0.0093	0.0093	－0.1	69.9	－0.02
DIV	匹配前	0.9370	0.9491	－5.2		－1.25
	匹配后	0.9407	0.9375	1.4	73.9	0.22
AGE	匹配前	2.6770	2.5854	29.9		6.44***
	匹配后	2.6729	2.6679	1.6	94.5	0.29
HHI	匹配前	0.0635	0.0886	－31.5		－6.03***
	匹配后	0.0634	0.0658	－3.0	90.4	－0.76
Marketilization	匹配前	8.7559	9.3264	－26.3		－6.45***
	匹配后	8.8352	8.8320	0.2	99.4	0.02
E×Assets	匹配前	0.8406	0.9166	－6.7		－1.45
	匹配后	0.8360	0.8346	0.1	98.3	0.02
E×BM	匹配前	0.0248	0.0320	－14.9		－2.90***
	匹配后	0.0246	0.0249	－0.6	96.2	－0.12
E×ACC	匹配前	0.0017	0.0028	－13.8		－3.03***
	匹配后	0.0017	0.0018	－0.9	93.7	－0.16
E×SI	匹配前	0.0008	0.0008	－1.3		－0.31
	匹配后	0.0008	0.0008	－0.3	76.8	－0.05
E×DIV	匹配前	0.0366	0.0421	－10.4		－2.22**
	匹配后	0.0366	0.0366	0.1	99.3	0.01

续表

变量	样本	参股银行组	对照组	偏差（%）	降幅（%）	t值
E×HHI	匹配前	0.0027	0.0043	-22.3		-4.38***
	匹配后	0.0027	0.0028	-2.1	90.8	-0.46
E×AGE	匹配前	0.1027	0.1099	-5.2		-1.12
	匹配后	0.1021	0.1020	0.0	99.4	0.01
Propensity Score	匹配前	0.1753	0.0865	83.7		24.37***
	匹配后	0.1645	0.1590	5.2	93.8	0.85

注：以参股比例超过1%作为公司参股银行的标准。同一公司同一年度若持有多家银行股权，则仅计算一次。对照组样本从样本区间内从未参股银行的公司中获取。均值差异采用t检验，***、**、*分别表示1%、5%、10%的显著性水平。

图4-5绘制了核匹配法下匹配前后的密度函数图。可以看出，在采用倾向性得分法匹配前，参股银行公司和对照组公司的密度函数有显著差异，而通过核匹配法筛选出的对照组公司与参股银行公司的密度函数图则极为相似。可见，采用核匹配法获得的对照组公司很好地实现了匹配目标。

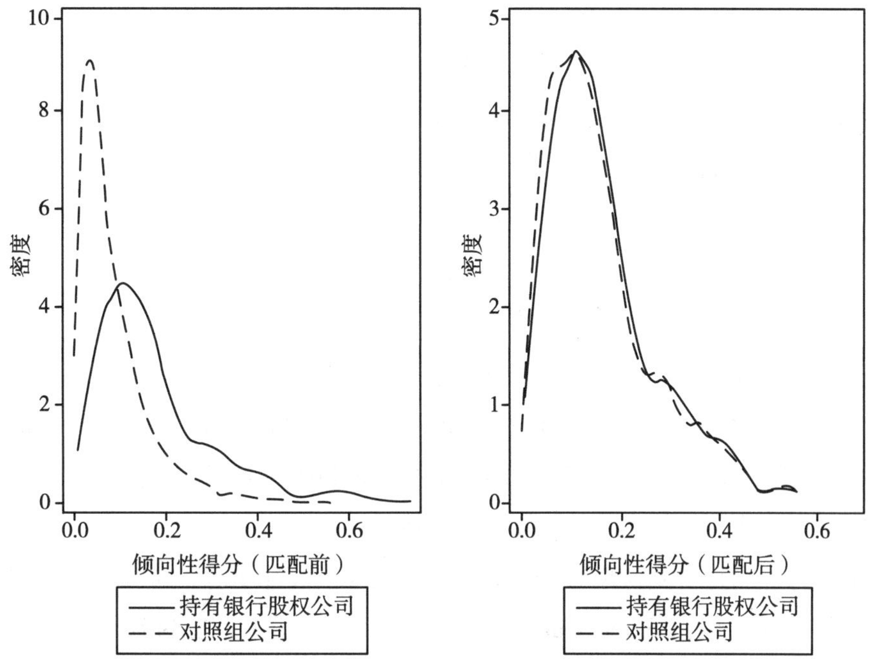

图4-5 核匹配前后密度函数图

注：图中左侧为核匹配法下倾向性得分匹配前的密度函数图，右侧为倾向性得分匹配后的密度函数图。其中，横轴为倾向性得分，纵轴为概率密度。实线代表参股银行公司的密度函数图，虚线代表对照组公司的密度函数图，对照组样本从样本区间内从未参股银行的公司中获取。

4.5.2 参股银行与公司盈余持续性关系的检验

为证明参股银行公司的盈余持续性更差，本书检验参股银行公司与未参股银行公司其当期盈余对下期盈余预测能力的差异。具体地，参考 Sloan（1996）、Richardson，Sloan，Soliman and Tuna（2005）和 Frankel and Litov（2009），本书使用线性一阶自回归模型估计公司盈余持续性，并建立如下回归模型：

$$E_{i,t+1} = \beta_0 + \beta_1 E_{i,t} + \beta_2 HBank_{i,t} + \beta_3 E_{i,t} \times HBank_{i,t} + \beta_4 \sum Controls_{i,t} + \beta_5 \sum E_{i,t} \times Controls_{i,t} + \varepsilon_{i,t} \quad (4-5)$$

其中，$E_{i,t+1}$、$E_{i,t}$分别表示公司 i 第 $t+1$ 年和第 t 年经年末总资产平滑后的净利润，$HBank_{i,t}$为公司 i 第 t 年是否参股银行哑变量。参考 Li（2008）和陈信元，靳庆鲁和肖土盛（2013），本书还加入一些控制变量，具体如下：

$Assets_{i,t}$为公司规模，等于公司 i 第 t 年年末总资产的对数。相对于小公司，大公司的抗风险能力更强，盈余更加稳定，盈余持续性更好。

$BM_{i,t}$为公司账市比，等于公司 i 第 t 年年末账面价值除以总市值，反映了公司的成长性。根据 Frankel and Litov（2009），本书预期 BM 越大，成长性越差，公司盈余持续性越好。

$ACC_{i,t}$为公司应计盈余，等于公司 i 第 t 年年末净利润减经营活动现金净流量再除以年末总资产。根据 Sloan（1996）的研究，应计利润的盈余持续性低于现金利润，会计盈余中应计利润越多，公司盈余持续性越差。

$SI_{i,t}$为公司非经常性损益，等于公司 i 第 t 年年末非经常性损益除以年末总资产。根据 Fairfield，Sweeney and Yohn（1996）、Bradshaw and Sloan（2002）、Dechow and Ge（2006）的研究，非经常性损益的盈余持续性比经常性损益差，公司盈余中非经常性损益越多，公司盈余持续性越差。

$DIV_{i,t}$为公司是否支付现金股利哑变量，若公司 i 第 t 年支付了现金股利，则为1，否则为0。根据 Skinner and Soltes（2011）的研究，支付现金股利的公司其盈余持续性更高。

$AGE_{i,t}$为公司成立年限，等于公司 i 第 t 年年末成立年限的对数。根据 Li（2008），本书控制公司成立年限对公司盈余持续性的影响。

$HHI_{i,j,t}$为公司所处行业的产品市场竞争程度，等于公司 i 所处行业 j 在第 t

年的赫芬达尔系数，即行业内所有公司销售收入占比的平方和。根据 Lev (1983) 的研究，公司所处行业的产品市场竞争越激烈，其盈余持续性越差。

式 (4-5) 的回归结果见表4-17。式 (4-5) 中 β_3 代表参股银行公司与未参股银行公司的盈余持续性差异，本书预期 β_3 的系数应显著为负。表4-17第2-3列为全样本的回归结果，可以看出，在控制了行业、年度固定效应及其他影响公司盈余持续性的变量后，$E_{i,t} \times HBank_{i,t}$ 的系数为 -0.1002，在5%的显著性水平下显著为负。第4-5列为核匹配法匹配后的样本回归结果，可以看出，在考虑了公司参股银行的内生性，并控制了行业、年度固定效应及其他影响公司盈余持续性的变量后，$E_{i,t} \times HBank_{i,t}$ 的系数为 -0.1049，在5%的显著性水平下显著为负。上述结果表明，与未参股银行公司相比，参股银行公司的盈余持续性更差。

表4-17 参股银行与公司盈余持续性关系的检验

变量	全样本		匹配样本	
	E_{t+1}		E_{t+1}	
	系数	t值	系数	t值
E_t	-1.3645***	[-6.09]	-0.9928*	[-1.91]
$HBank_t$	0.0079***	[2.76]	0.0083**	[2.40]
$E_t \times HBank_t$	-0.1002**	[-2.23]	-0.1049**	[-1.97]
$Assets_t$	-0.0030***	[-3.52]	-0.0004	[-0.19]
BM_t	-0.0121***	[-4.39]	-0.0334***	[-4.00]
ACC_t	-0.1027***	[-11.84]	-0.0770***	[-3.86]
SI_t	-0.3785***	[-10.56]	-0.5211***	[-6.24]
DIV_t	0.0022	[0.68]	-0.0038	[-0.57]
AGE_t	-0.0038	[-1.33]	-0.0057	[-0.82]
HHI_t	-0.0611*	[-1.89]	-0.0650	[-0.68]
$E_t \times Assets_t$	0.0979***	[9.01]	0.0651***	[2.63]
$E_t \times BM_t$	0.0373	[1.28]	0.2728***	[3.09]
$E_t \times ACC_t$	0.7459***	[7.59]	0.4739*	[1.85]
$E_t \times SI_t$	-2.2450***	[-7.10]	-0.2004	[-0.27]
$E_t \times DIV_t$	0.1305***	[2.86]	0.2528**	[2.16]

续表

变量	全样本		匹配样本	
	E_{t+1}		E_{t+1}	
	系数	t 值	系数	t 值
$E_t \times AGE_t$	-0.0325	[-0.84]	-0.0206	[-0.20]
$E_t \times HHI_t$	0.4103**	[2.50]	0.2440	[0.37]
截距	0.0461**	[2.38]	0.0280	[0.67]
Year Fixed Effects	控制		控制	
Industry Fixed Effects	控制		控制	
N	6483		1146	
$Adj.\ R^2$	0.393		0.375	
F	88.4739		15.3022	

注：以参股比例超过1%作为公司参股银行的标准。同一公司同一年度若持有多家银行股权，则仅计算一次。匹配样本采用核匹配法从样本区间内从未参股银行的公司中获取。方括号内为t值，***、**、*分别表示1%、5%、10%的显著性水平。

4.5.3 不同条件下参股银行与公司盈余持续性关系的检验

1. 参股银行比例与公司盈余持续性关系的检验

为证明参股银行比例更大的公司盈余持续性更差，本书检验参股银行比例高低对公司盈余持续性的影响。具体地，本书定义 *HBank_1_5* 和 *HBank_5* 分别为参股银行比例在［1%，5%）和［5%，100%］的虚拟变量。回归结果见表4-18Panel A。可以看出，在控制了行业、年度固定效应及其他影响公司盈余持续性的变量后，*E* × *HBank_1_5* 和 *E* × *HBank_5* 的系数分别为-0.0618和-0.2258，呈单调下降趋势，且只有 *E* × *HBank_5* 在1%的显著性水平下显著为负，即公司参股银行的比例越高，其盈余持续性越差。研究表明，公司参股银行的比例越高，对银行的控制能力越强，相应地，银行对公司的监督作用就减弱，最终导致公司盈余持续性变差。

2. 参股大小银行与公司盈余持续性关系的检验

为证明参股小银行的公司其盈余持续性更差，本书将公司所持银行分为大银行和小银行，并检验公司参股大小银行对其盈余持续性的影响。具体地，本书定义 *D_HBigBank* 和 *D_HSmallBank* 分别为持有大银行虚拟变量和持有小银行虚拟变量，其中大银行为股份制商业银行、城市商业银行、城市信用社，小银行为农村商业银行、农村合作银行、农村信用社和村镇银行。回归结果见表4－18Panel A。可以看出，在控制了行业、年度固定效应及其他影响公司盈余持续性的变量后，$E \times D\_HBigBank$ 和 $E \times D\_HSmallBank$ 的系数分别为－0.0716和－0.1636，且只有 $E \times D\_HSmallBank$ 的系数在5%的显著性水平下显著为负，即参股小银行的公司其盈余持续性更差。研究表明，相对于大银行，公司更易对小银行产生影响，导致小银行对公司的监督作用下降，公司盈余持续性也随之变差。

3. 基于市场化水平的参股银行与公司盈余持续性关系的检验

为证明处于市场化水平较低地区的公司参股银行时，其盈余持续性更差，本书将样本按公司所处地区的市场化水平中位数分组，并分别检验地区市场化水平高低时参股银行对公司盈余持续性的影响。具体地，本书采取王小鲁，樊纲和余静文（2016）的《中国市场化指数（2011版）》中披露的总得分衡量各地区的市场化水平[①]。分组回归结果见表4－18Panel B。可以看出，在控制了行业、年度固定效应及其他影响公司盈余持续性的变量后，$E \times HBank$ 的系数在市场化水平较低和较高时分别为－0.1955和－0.0166，且只有当该地区的市场化水平较低时 $E \times HBank$ 的系数在1%的显著性水平下显著为负，即处于市场化水平较低地区的公司参股银行时，其盈余持续性更差。研究表明，地区的市场化水平越低，参股银行公司更易于干预所持银行的信贷资源配置，导致银行作为债权人的公司治理作用更弱，公司盈余持续性也随之更差。

4. 基于银行业竞争程度的参股银行与公司盈余持续性关系的检验

为证明处于银行业竞争程度较低地区的公司参股银行时，其盈余持续性更差，本书将样本按公司所处地区的银行业竞争程度中位数分组，并分别检验地区银行业竞争程度高低时参股银行对公司盈余持续性的影响。具体地，本书定义地区银行业竞争程度为该地区非国有银行资产占所有银行资产之比，该比值越高，银行业竞争程度也越高。分组回归结果见表4－18Panel B。可以看出，在控制了行业、年度固定效应及其他影响公司盈余持续性的变量后，$E \times HBank$ 的系数在地区银行业竞争程度较低和较高时分别为－0.1581和－0.0362，且只有当该地区的银行业竞争程度较低时 $E \times HBank$ 的系数在5%的显著性水平下显著

① 2009年以后年度数据以2009年为准。

为负，即处于银行业竞争程度较低地区的公司参股银行时，其盈余持续性更差。研究表明，地区的银行业竞争程度越低，参股银行公司越倾向于干预所持银行的信贷资源配置，导致银行对公司的监督作用下降，公司盈余持续性随之变差。

5. 基于不良贷款率的参股银行与公司盈余持续性关系的检验

为证明处于不良贷款率较高地区的公司参股银行时，其公司盈余持续性更差，本书将样本按公司所处地区的不良贷款率中位数分组，并分别检验地区不良贷款率高低时参股银行对公司盈余持续性的影响。具体地，本书从中国银监会历年年报中获得各地区不良贷款率数据。分组回归结果见表4－18Panel B。可以看出，在控制了行业、年度固定效应及其他影响公司盈余持续性的变量后，$E \times HBank$ 的系数在地区不良贷款率较低和较高时分别为－0.0948和－0.1217，且只有当该地区的不良贷款率较高时 $E \times HBank$ 的系数在10%的显著性水平下显著为负，即处于不良贷款率较高地区的公司参股银行时，其盈余持续性更差。研究表明，地区的不良贷款率越高，参股银行公司更倾向于干预所持银行的信贷资源配置，导致银行作为债权人的公司治理作用更弱，公司盈余持续性也随之变差。

表4－18　不同条件下参股银行与公司盈余持续性关系的检验

Panel A：参股银行比例、参股大小银行与公司盈余持续性的回归分析

变量	E_{t+1}		E_{t+1}	
	系数	t值	系数	t值
E_t	－1.0308**	[－1.98]	－0.9872*	[－1.90]
$HBank\_1\_5_t$	0.0057	[1.45]		
$HBank\_5_t$	0.0144***	[2.93]		
$E_t \times HBank\_1\_5_t$	－0.0618	[－1.06]		
$E_t \times HBank\_5_t$	－0.2258***	[－2.63]		
$D\_HBigBank_t$			0.0069*	[1.74]
$D\_HSmallBank_t$			0.0112**	[2.25]
$E_t \times D\_HBigBank_t$			－0.0716	[－1.16]
$E_t \times D\_HSmallBank_t$			－0.1636**	[－2.16]
$Assets_t$	－0.0007	[－0.37]	－0.0003	[－0.17]
BM_t	－0.0329***	[－3.94]	－0.0336***	[－4.01]
ACC_t	－0.0762***	[－3.82]	－0.0776***	[－3.89]
SI_t	－0.5240***	[－6.28]	－0.5217***	[－6.25]

续表

变量	E_{t+1}		E_{t+1}	
	系数	t值	系数	t值
DIV_t	-0.0042	[-0.62]	-0.0036	[-0.54]
AGE_t	-0.0048	[-0.69]	-0.0063	[-0.91]
HHI_t	-0.0658	[-0.69]	-0.0622	[-0.65]
$E_t \times Assets_t$	0.0686***	[2.77]	0.0639**	[2.58]
$E_t \times BM_t$	0.2639***	[2.99]	0.2784***	[3.15]
$E_t \times ACC_t$	0.4642*	[1.81]	0.5143**	[1.98]
$E_t \times SI_t$	-0.2399	[-0.33]	-0.2313	[-0.32]
$E_t \times DIV_t$	0.2535**	[2.17]	0.2492**	[2.13]
$E_t \times AGE_t$	-0.0321	[-0.31]	-0.0118	[-0.11]
$E_t \times HHI_t$	0.214	[0.32]	0.2132	[0.32]
截距	0.0319	[0.75]	0.0285	[0.67]
Year Fixed Effects	控制		控制	
Industry Fixed Effects	控制		控制	
N	1146		1146	
$Adj.\ R^2$	0.376		0.374	
F	14.7843		14.7030	

注：以参股比例超过1%作为公司参股银行的标准。*HBank_1_5* 和 *HBank_5* 分别为参股银行比例在［1%，5%）和［5%，100%］的虚拟变量。*D_HBigBank* 和 *D_HSmallBank* 分别为持有大小银行虚拟变量，大银行为股份制商业银行、城市商业银行、城市信用社，小银行为农村商业银行、农村合作银行、农村信用社和村镇银行。同一公司同一年度若持有多家银行股权，则仅计算一次，且以参股比例最高者为准。匹配样本采用核匹配法从样本区间内从未参股银行的公司中获取。方括号内为t值，***、**、*分别表示1%、5%、10%的显著性水平。

Panel B：基于地区市场化水平、银行业竞争程度、不良贷款率的参股银行与公司盈余持续性回归分析

变量	E_{t+1}		E_{t+1}		E_{t+1}	
	地区市场化水平		银行业竞争程度		不良贷款率水平	
	低	高	低	高	低	高
E_t	-0.8586 [-1.15]	-1.3233* [-1.70]	-0.4835 [-0.59]	-1.3308* [-1.88]	-1.2521 [-1.56]	-0.9648 [-1.36]
$HBank_t$	0.0089* [1.86]	0.0057 [1.02]	0.0109** [2.15]	0.0051 [1.02]	0.0078 [1.43]	0.0082* [1.74]

续表

变量	E_{t+1}		E_{t+1}		E_{t+1}	
	地区市场化水平		银行业竞争程度		不良贷款率水平	
	低	高	低	高	低	高
$E_t \times HBank_t$	-0.1955*** [-2.69]	-0.0166 [-0.18]	-0.1581** [-2.04]	-0.0362 [-0.46]	-0.0948 [-1.08]	-0.1217* [-1.72]
$Assets_t$	0.0005 [0.18]	-0.0025 [-0.95]	0.0008 [0.28]	-0.0025 [-0.97]	-0.0028 [-0.94]	0.0012 [0.48]
BM_t	-0.0425*** [-3.60]	-0.0191 [-1.52]	-0.0450*** [-3.49]	-0.0198* [-1.73]	-0.0176 [-1.31]	-0.0419*** [-3.75]
ACC_t	-0.0887*** [-3.14]	-0.0664** [-2.29]	-0.0769*** [-2.59]	-0.0859*** [-3.06]	-0.0887*** [-3.06]	-0.0729** [-2.58]
SI_t	-0.6850*** [-6.14]	-0.2206 [-1.55]	-0.7114*** [-6.06]	-0.2431* [-1.91]	-0.5455*** [-4.21]	-0.5099*** [-4.49]
DIV_t	-0.0057 [-0.62]	-0.0053 [-0.52]	-0.0062 [-0.62]	-0.0033 [-0.35]	-0.0067 [-0.68]	-0.0036 [-0.38]
AGE_t	-0.0049 [-0.50]	-0.0113 [-1.14]	-0.0075 [-0.78]	-0.0033 [-0.32]	0.0056 [0.52]	-0.0141 [-1.51]
HHI_t	-0.0238 [-0.16]	-0.05 [-0.41]	-0.0171 [-0.10]	-0.071 [-0.60]	-0.0424 [-0.30]	-0.0286 [-0.20]
$E_t \times Assets_t$	0.0603* [1.66]	0.0710** [2.00]	0.0434 [1.14]	0.0848** [2.43]	0.0901** [2.36]	0.0535 [1.58]
$E_t \times BM_t$	0.4179*** [3.25]	0.0901 [0.72]	0.3771*** [2.94]	0.1278 [0.99]	0.0995 [0.75]	0.3912*** [3.17]
$E_t \times ACC_t$	0.3125 [0.91]	0.5969 [1.34]	0.5663 [1.55]	0.37 [0.93]	0.9064** [2.07]	0.3112 [0.92]
$E_t \times SI_t$	-0.0407 [-0.05]	-1.6399 [-1.13]	0.4701 [0.49]	-1.83 [-1.54]	-0.8139 [-0.59]	0.0815 [0.09]
$E_t \times DIV_t$	0.2178 [1.40]	0.3382* [1.76]	0.1995 [1.08]	0.3498** [2.25]	0.2435 [1.16]	0.2604* [1.75]
$E_t \times AGE_t$	-0.0244 [-0.16]	0.0324 [0.23]	-0.0281 [-0.19]	-0.0697 [-0.45]	-0.0822 [-0.49]	0.0407 [0.30]
$E_t \times HHI_t$	-0.2311 [-0.23]	0.5322 [0.62]	0.1658 [0.15]	0.2002 [0.23]	0.4979 [0.57]	-0.1336 [-0.13]
截距	0.0085 [0.14]	0.0588 [0.78]	0.0131 [0.20]	0.0618 [1.11]	0.0397 [0.58]	0.0162 [0.29]
Year Fixed Effects	控制	控制	控制	控制	控制	控制

续表

变量	E_{t+1}		E_{t+1}		E_{t+1}	
	地区市场化水平		银行业竞争程度		不良贷款率水平	
	低	高	低	高	低	高
Industry Fixed Effects	控制	控制	控制	控制	控制	控制
N	636	510	562	584	448	698
Adj. R^2	0. 374	0. 361	0. 366	0. 363	0. 373	0. 353
F	8. 8936	6. 9465	7. 735	7. 904	6. 5109	8. 914

注：以参股比例超过 1% 作为公司参股银行的标准。同一公司同一年度若持有多家银行股权，则仅计算一次。各地区市场化水平数据取自王小鲁，樊纲和余静文（2016）《中国市场化指数（2011 版）》中的总得分。地区银行业竞争程度为该地区非国有银行资产占所有银行资产之比。同一公司同一年度若持有多家银行股权，则仅计算一次。各地区不良贷款率数据取自中国银监会历年年报。匹配样本采用核匹配法从样本区间内从未参股银行的公司中获取。方括号内为 t 值，***、**、* 分别表示 1%、5%、10% 的显著性水平。

4. 5. 4　稳健性检验

1. 采用不同样本匹配方法的稳健性检验

前文报告了核匹配法下的实证结果，为获得更稳健的结果，本书还分别采用最近邻匹配法和半径匹配法获得匹配样本，并计算参股银行与公司盈余持续性的关系，回归结果见表 4 – 19Panel A。可以看出，采用最近邻匹配法和半径匹配法时 $E \times HBank$ 的系数分别为 – 0. 1165 和 – 0. 0949，且均显著为负，即参股银行公司的盈余持续性更差。

表 4 – 19　　参股银行与公司盈余持续性关系的稳健性检验

Panel A：采用最近邻匹配法和半径匹配法的稳健性检验

变量	E_{t+1}		E_{t+1}	
	最近邻匹配法		半径匹配法	
	系数	t 值	系数	t 值
E_t	– 1. 1631 **	[– 2. 26]	– 1. 0083 *	[– 1. 92]
$HBank_t$	0. 0092 ***	[2. 66]	0. 0077 **	[2. 23]
$E_t \times HBank_t$	– 0. 1165 **	[– 2. 17]	– 0. 0949 *	[– 1. 78]
$Assets_t$	– 0. 0006	[– 0. 33]	– 0. 0001	[– 0. 07]
BM_t	– 0. 0330 ***	[– 3. 87]	– 0. 0353 ***	[– 4. 11]

续表

变量	E_{t+1}		E_{t+1}	
	最近邻匹配法		半径匹配法	
	系数	t 值	系数	t 值
ACC_t	-0.0755***	[-3.74]	-0.0777***	[-3.86]
SI_t	-0.5570***	[-6.82]	-0.5257***	[-6.31]
DIV_t	-0.0035	[-0.55]	-0.0044	[-0.67]
AGE_t	-0.0028	[-0.42]	-0.0054	[-0.78]
HHI_t	-0.0150	[-0.15]	-0.0557	[-0.57]
$E_t \times Assets_t$	0.0817***	[3.35]	0.0645**	[2.57]
$E_t \times BM_t$	0.3343***	[3.59]	0.3033***	[3.35]
$E_t \times ACC_t$	0.1044	[0.41]	0.4367*	[1.69]
$E_t \times SI_t$	0.3975	[0.55]	-0.2857	[-0.40]
$E_t \times DIV_t$	0.1796*	[1.70]	0.2560**	[2.22]
$E_t \times AGE_t$	-0.0601	[-0.59]	-0.0186	[-0.18]
$E_t \times HHI_t$	-0.5481	[-0.73]	0.0672	[0.09]
截距	0.0207	[0.49]	0.0254	[0.60]
Year Fixed Effects	控制		控制	
Industry Fixed Effects	控制		控制	
N	1146		1140	
Adj. R^2	0.382		0.368	
F	15.7695		14.7962	

注：以参股比例超过1%作为公司参股银行的标准。同一公司同一年度若持有多家银行股权，则仅计算一次。匹配样本从样本区间内从未参股银行的公司中获取。方括号内为 t 值，***、**、* 分别表示1%、5%、10%的显著性水平。

2. 采用参股比例超过3%作为公司参股银行的标准

前文以公司参股银行比例超过1%作为公司参股银行的标准，为获取更稳健的结果，本书进一步使用参股银行比例超过3%作为公司参股银行的标准，并检验参股银行对公司盈余持续性的影响，回归结果见表4-19Panel B。可以看出，$E \times HBank$ 的系数为-0.1461，且在5%的显著性水平下显著为负，即参股银行公司的盈余持续性更差。

Panel B：以参股比例超过3%作为公司参股银行标准的稳健性检验

变量	E_{t+1}	
	系数	t值
E_t	-0.7849	[-1.20]
$HBank_t$	0.0097**	[2.26]
$E_t \times HBank_t$	-0.1461**	[-2.15]
$Assets_t$	-0.0005	[-0.24]
BM_t	-0.0198*	[-1.92]
ACC_t	-0.1083***	[-4.26]
SI_t	-0.4574***	[-4.19]
DIV_t	-0.0043	[-0.46]
AGE_t	-0.0017	[-0.19]
HHI_t	0.0096	[0.08]
$E_t \times Assets_t$	0.0615**	[1.99]
$E_t \times BM_t$	0.1237	[1.06]
$E_t \times ACC_t$	1.0820***	[3.24]
$E_t \times SI_t$	-1.3196	[-1.37]
$E_t \times DIV_t$	0.2657	[1.59]
$E_t \times AGE_t$	-0.0229	[-0.17]
$E_t \times HHI_t$	0.1884	[0.20]
截距	0.0075	[0.15]
Year Fixed Effects	控制	
Industry Fixed Effects	控制	
N	728	
Adj. R^2	0.357	
F	9.4106	

注：以参股比例超过3%作为公司参股银行的标准。同一公司同一年度若持有多家银行股权，则仅计算一次。匹配样本采用核匹配法从样本区间内从未参股银行的公司中获取。方括号内为t值，***、**、*分别表示1%、5%、10%的显著性水平。

4.6 公司参股银行与公司会计业绩

4.6.1 倾向性得分匹配结果

为获得倾向性得分，本书对式（4－1）进行回归，结果见表4－20。可以看出，在控制了年度和行业固定效应后，规模变量（*Assets*）的系数在1%的显著性水平下显著为正，账市比变量（*BM*）的系数在10%的显著性水平下显著为负，杠杆变量（*Leverage*）的系数在5%的显著性水平下显著为正，销售收入增长率变量（*Sales Growth*）的系数在5%的显著性水平下显著为负，资产周转率变量（*Assets Turnover*）的系数在5%的显著性水平下显著为正，市场化水平变量（*Marketilization*）的系数在1%的显著性水平下显著为负，而第一大股东持股比例（*Top*1）、是否同时担任董事长和CEO（*CEO Duality*）等变量的系数则不显著。可见，规模越大的公司、成长性越好的公司、杠杆越高的公司、销售增长率越低的公司、资产周转率越大的公司及市场化水平越低地区的公司越倾向于参股银行。最终，在全部673个参股银行的公司年度观测中，本书为其中的657个找到了合适的配对样本，其余16个因不满足共同支撑假设而无法找到合适的配对样本。

表4－20　　　　公司参股银行影响因素的回归分析

变量	系数	t值
Assets	0.6530***	[13.25]
BM	－0.4967**	[－2.41]
Leverage	0.5211**	[2.17]
Sales Growth	－0.2082**	[－2.56]
Assets Turnover	0.1186**	[2.56]
Marketilization	－0.1092***	[－4.85]
*Top*1	0.0013	[0.45]
CEO Duality	0.0537	[0.51]

续表

变量	系数	t值
截距	-15.0635***	[-15.24]
Year Fixed Effects	控制	
Industry Fixed Effects	控制	
N	6618	
Pseudo R^2	0.096	
Chi2	418.6213	

注：以参股比例超过1%作为公司参股银行的标准。同一公司同一年度若持有多家银行股权，则仅计算一次。未参股银行公司为样本区间内从未参股银行的公司。方括号内为t值，***、**、*分别表示1%、5%、10%的显著性水平。

为检验倾向性得分法的匹配效果，即匹配后的样本是否在公司特征上与参股银行样本不存在显著差异，本书对比了核匹配法匹配前后不同公司特征的差异，结果见表4-21。可以看出，匹配前参股银行公司在规模（*Assets*）、财务杠杆（*Leverage*）、销售收入增长率（*Sales Growth*）、市场化水平（*Marketilization*）、是否同时担任董事长和CEO（*CEO Duality*）等特征上与未参股银行公司有显著差异，而采用核匹配法匹配后，两者在各个公司特征上均不存在显著差异。此外，匹配前参股银行组的倾向性得分（*Propensity Score*）显著高于未参股银行组，而匹配后两者不存在任何差异。可见，采用核匹配法后对照组与参股银行组在各个公司特征上已不存在显著差异。

表4-21　　　　匹配前后公司特征差异比较

变量	样本	参股银行组	对照组	偏差（%）	降幅（%）	t值
Assets	匹配前	21.6990	21.1120	61.1		15.28***
	匹配后	21.6840	21.6380	4.9	92.0	0.84
BM	匹配前	0.6936	0.6826	4.1		0.95
	匹配后	0.6945	0.6921	0.9	78.0	0.17
Leverage	匹配前	0.4880	0.4028	41.6		9.62***
	匹配后	0.4870	0.4816	2.6	93.6	0.50
Sales Growth	匹配前	8.6702	9.2221	-25.5		-6.61***
	匹配后	8.6902	8.7109	-1.0	96.2	-0.17
Assets Turnover	匹配前	0.2238	0.2585	-5.8		-1.30
	匹配后	0.2244	0.2208	0.6	89.6	0.13

续表

变量	样本	参股银行组	对照组	偏差（%）	降幅（%）	t 值
Marketilization	匹配前	1.4288	1.2271	20.2		5.62***
	匹配后	1.4127	1.4042	0.9	95.8	0.15
*Top*1	匹配前	34.3790	33.5740	5.5		1.37
	匹配后	34.5080	33.9010	4.2	24.5	0.74
CEO Duality	匹配前	0.2169	0.2707	-12.5		-2.99***
	匹配后	0.2141	0.2249	-2.5	79.8	-0.48
Propensity Score	匹配前	0.1672	0.0943	75.3		22.65***
	匹配后	0.1635	0.1582	5.5	92.7	0.90

注：以参股比例超过1%作为公司参股银行的标准。同一公司同一年度若持有多家银行股权，则仅计算一次。对照组样本从样本区间内从未参股银行的公司中获取。均值差异采用 t 检验，***、**、*分别表示1%、5%、10%的显著性水平。

图4-6绘制了核匹配法匹配前后的密度函数图。可以看出，在采用核匹配法匹配前，参股银行公司和对照组公司的密度函数有显著差异，而通过核匹配法筛选出的对照组公司与参股银行公司的密度函数图则极为相似。可见，采用核匹配法获得的对照组公司很好地实现了匹配目标。

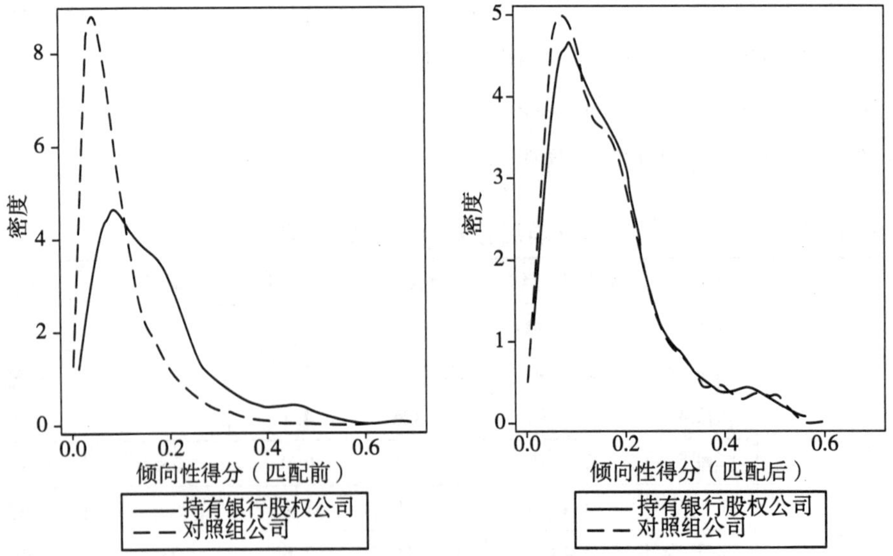

图4-6 核匹配前后密度函数图

注：图中左侧为核匹配法下倾向性得分匹配前的密度函数图，右侧为倾向性得分匹配后的密度函数图。其中，横轴为倾向性得分，纵轴为概率密度。实线代表参股银行公司的密度函数图，虚线代表对照组公司的密度函数图，对照组观测从样本区间内从未参股银行的公司中获取。

4.6.2 参股银行与公司会计业绩关系的检验

为证明参股银行公司的会计业绩更差，本书检验参股银行与公司会计业绩的关系。具体地，本书以扣除非经常性损益后的净利润除以总资产衡量公司会计业绩（*EXROA*）。参股银行与公司会计业绩关系的描述性统计结果见表4－22Panel A。表4－22Panel A 中的平均处理效应 ATT 代表参股银行公司与对照组公司在结果变量上的差异。可以看出，不管采用何种倾向性得分匹配方法，与对照组公司相比，参股银行公司的 *EXROA* 至少在5%的显著性水平下显著更小，即参股银行公司的会计业绩越差。

倾向性得分法为参股银行公司寻找到与其公司特征相似的对照组公司，从而产生了一个新的伪随机样本，即参股银行的行为被随机的分配在实验组和对照组中（Heckman and Navarro－Lozano，2004）。因此，实验组和对照组间的差异应该是由参股银行引起的，而非其他公司特征（Heckman，Ichimura and Todd，1997；Heckman，Ichimura and Todd，1998；Dehejia and Wahba，1999；Dehejia and Wahba，2002），即实验组和对照组的均值差异就能充分代表参股银行的处理效应（Dehejia and Wahba，2002；Dehejia，2005）。换言之，表4－22Panel A 的描述性统计已经能够反映参股银行对公司会计业绩的影响。尽管如此，参考 Lawrence，Minutti－Meza and Zhang（2011），本书进一步采用多元回归分析控制实验组和对照组间剩余的公司特征差异及横截面上普遍存在的公司特征差异。

为控制实验组和对照组间剩余的公司特征差异及横截面上普遍存在的公司特征差异，本书进一步通过多元回归分析检验参股银行对公司会计业绩的影响。具体地，本书建立如下回归模型：

$$\begin{aligned} EXROA_{i,t} = & \beta_0 + \beta_1 HBank_{i,t} + \beta_2 Assets_{i,t-1} + \beta_3 BM_{i,t-1} + \beta_4 Leverage_{i,t-1} \\ & + \beta_5 Sales\ Growth_{i,t-1} + \beta_6 Assets\ Turnover_{i,t-1} + \beta_7 Top1_{i,t-1} \\ & + \beta_8 CEO\ Duality_{i,t-1} + \sum Year + \sum Industry + \varepsilon_{i,t} \end{aligned} \quad (4-6)$$

其中，式（4－6）中因变量为公司会计业绩 *EXROA*。自变量为参股银行虚拟变量（*HBank*），即当公司参股银行的比例大于等于1%时，该值取1，否则取0。控制变量包括：公司规模（*Assets*），即公司总资产的对数；账市比（*BM*），即公司账面价值除以 A 股总市值；财务杠杆（*Leverage*），即总负债除以总资产；

销售收入增长率（*Sales Growth*），即当年销售收入减上年销售收入除以上年销售收入；资产周转率（*Assets Turnover*），即销售收入除以平均总资产；第一大股东持股比例（*Top*1），即公司第一大股东的持股比例；是否两职合一（*CEO Duality*），即董事长是否兼职 CEO，是则为1，否则为0；年度（*Year*）为年度虚拟变量；行业（*Industry*）为行业虚拟变量。下标 i 代表公司，t 代表会计年度。

式（4－6）的回归结果见表 4－22Panel B。可以看出，控制了行业、年度固定效应及其他影响公司会计业绩的变量后，参股银行变量（*HBank*）的系数为－0.0050，且在5%的显著性水平下显著为负，即参股银行公司的会计业绩更差。研究表明，公司参股银行会削弱银行作为债权人的治理作用，导致公司会计业绩变差。

表 4－22　　参股银行与公司会计业绩关系的检验

Panel A：参股银行与公司会计业绩的描述性统计

变量	最近邻匹配		半径匹配		核匹配	
	ATT	t 值	ATT	t 值	ATT	t 值
EXROA	－0.0054	－2.49**	－0.0043	－2.18**	－0.0050	－2.59***

Panel B：参股银行与公司会计业绩的回归分析

变量	系数	t 值
HBank	－0.0050**	[－2.13]
Assets	0.0105***	[7.72]
BM	－0.0362***	[－6.34]
Leverage	－0.0913***	[－13.28]
Sales Growth	0.0087***	[3.77]
Assets Turnover	0.0094***	[8.00]
*Top*1	0.0004***	[4.82]
CEO Duality	0.0042	[1.45]
截距	－0.1617***	[－5.86]
Year Fixed Effects	控制	

续表

变量	系数	t值
Industry Fixed Effects	控制	
N	1314	
Adj. R^2	0.240	
F	17.5151	

注：以参股比例超过1%作为公司参股银行的标准。同一公司同一年度若持有多家银行股权，则仅计算一次。匹配样本采用核匹配法从样本区间内从未参股银行的公司中获取。Panel A 中平均处理效应 ATT 代表参股银行公司与对照组公司在结果变量上的差异。Panel B 中方括号内为 t 值。***、**、* 分别表示1%、5%、10%的显著性水平。

4.6.3 不同条件下参股银行与公司会计业绩关系的检验

1. 参股银行比例与公司会计业绩关系的检验

为证明参股银行比例更大的公司会计业绩更差，本书检验公司参股银行比例与公司会计业绩的关系。具体地，本书定义 *Holding Ratio* 为公司参股银行的比例。回归结果见表4-23Panel A。可以看出，在控制了行业、年度固定效应及其他影响公司会计业绩的变量后，*Holding Ratio* 的系数为-0.0006，且在10%的显著性水平下显著为负，即参股银行比例更高的公司会计业绩更差。研究表明，公司参股银行的比例越高，公司对所持银行的影响也越大，导致银行对公司的治理作用下降越多，公司会计业绩也更差。

2. 参股大小银行与公司会计业绩关系的检验

为证明参股小银行的公司会计业绩更低，本书将公司所持银行分为大银行和小银行，并检验公司参股大小银行对公司会计业绩的影响。具体地，本书定义 *D_HBigBank* 和 *D_HSmallBank* 分别为持有大银行虚拟变量和持有小银行虚拟变量，其中大银行为股份制商业银行、城市商业银行、城市信用社，小银行为农村商业银行、农村合作银行、农村信用社和村镇银行。回归结果见表4-23Panel A。可以看出，在控制了行业、年度固定效应及其他影响公司会计业绩的变量后，*D_HBigBank*的系数为-0.0027，且不显著，*D_HSmallBank* 的系数为-0.0084，且在1%的显著性水平下显著为负，即参股小银行的公司会计业绩更差。研究表明，相对大银行，公司更易对小银行产生影响，导致小银行对公司的监督作用下降，公司会计业绩也随之降低。

3. 基于市场化水平的参股银行与公司会计业绩关系的检验

为证明处于市场化水平较低地区的公司参股银行时，其公司会计业绩更差，本书将样本按公司所处地区的市场化水平中位数分组，并分别检验地区市场化水平高低时参股银行对公司会计业绩的影响。具体地，本书采取王小鲁，樊纲和余静文（2016）的《中国市场化指数（2011 版）》中披露的总得分衡量各地区的市场化水平[①]。分组回归结果见表4－23Panel B。可以看出，在控制了行业、年度固定效应及其他影响公司会计业绩的变量后，*HBank* 的系数在市场化水平较低和较高时分别为－0.0059 和－0.0042，且只有当该地区的市场化水平较低时 *HBank* 的系数在10%的显著性水平下显著为负，即处于市场化水平较低地区的公司参股银行时，其公司会计业绩更差。研究表明，地区的市场化水平越低，参股银行公司更易于干预所持银行的信贷资源配置，导致银行作为债权人的公司治理作用更弱，公司会计业绩也随之降低。

4. 基于银行业竞争程度的参股银行与公司会计业绩关系的检验

为证明处于银行业竞争程度较低地区的公司参股银行时，其公司会计业绩更低，本书将样本按公司所处地区的银行业竞争程度中位数分组，并分别检验地区银行业竞争程度高低时参股银行对公司会计业绩的影响。具体地，本书定义地区银行业竞争程度为该地区非国有银行资产占所有银行资产之比，该比值越高，银行业竞争程度也越高。分组回归结果见表4－23Panel B。可以看出，在控制了行业、年度固定效应及其他影响公司会计业绩的变量后，*HBank* 的系数在银行业竞争程度较低和较高时分别为－0.0069 和－0.0002，且只有当该地区的银行业竞争程度较低时 *HBank* 的系数在5%的显著性水平下显著为负，即处于银行业竞争程度较低地区的公司参股银行时，其公司会计业绩更低。研究表明，地区的银行业竞争程度越低，参股银行公司越倾向于干预所持银行的信贷资源配置，导致银行对公司的监督作用下降，公司会计业绩随之降低。

5. 基于不良贷款率的参股银行与公司会计业绩关系的检验

为证明处于不良贷款率较高地区的公司参股银行时，其公司会计业绩更低，本书将样本按公司所处地区的不良贷款率中位数分组，并分别检验地区不良贷款率高低时参股银行对公司会计业绩的影响。具体地，本书从中国银监会历年

---

① 2009 年以后年度数据以 2009 年为准。

年报中获得各地区不良贷款率数据。分组回归结果见表 4－23Panel B。可以看出，在控制了行业、年度固定效应及其他影响公司会计业绩的变量后，*HBank* 的系数在不良贷款率较低和较高时分别为－0.0020 和－0.0061，且只有当该地区的不良贷款率水平较高时 *HBank* 的系数在 5% 的显著性水平下显著为负，即处于不良贷款率较高地区的公司参股银行时，其公司会计业绩更差。研究表明，地区的不良贷款率越高，参股银行公司更倾向于干预所持银行的信贷资源配置，导致银行作为债权人的公司治理作用下降，公司会计业绩也随之降低。

表 4－23　不同条件下参股银行与公司会计业绩关系的检验

Panel A：参股银行比例、参股大小银行与公司会计业绩的回归分析

变量	EXROA	EXROA
HoldingRatio	－0.0006* [－1.72]	
D_HBigBank		－0.0027 [－1.00]
D_HSmallBank		－0.0084*** [－2.63]
Assets	0.0106*** [7.82]	0.0100*** [7.27]
BM	－0.0353*** [－6.25]	－0.0356*** [－6.23]
Leverage	－0.0919*** [－13.47]	－0.0908*** [－13.21]
Sales Growth	0.0077*** [3.39]	0.0087*** [3.79]
Assets Turnover	0.0094*** [7.97]	0.0095*** [8.02]
Top1	0.0004*** [4.85]	0.0004*** [4.95]
CEO Duality	0.0042 [1.45]	0.0046 [1.58]
截距	－0.1679*** [－6.08]	－0.1542*** [－5.51]
Year Fixed Effects	控制	控制

续表

变量	EXROA	EXROA
Industry Fixed Effects	控制	控制
N	1314	1314
Adj. R^2	0.240	0.241
F	17.2818	16.9544

注：以参股比例超过1%作为公司参股银行的标准。*HoldingRatio* 为公司参股银行的比例。*D_HBigBank*和 *D_HSmallBank* 分别为持有大银行虚拟变量和持有小银行虚拟变量，大银行为股份制商业银行、城市商业银行、城市信用社，小银行为农村商业银行、农村合作银行、农村信用社和村镇银行。同一公司同一年度若持有多家银行股权，则仅计算一次，且以参股比例最高者为准。匹配样本采用核匹配法从样本区间内从未参股银行的公司中获取。方括号内为t值，***、**、*分别表示1%、5%、10%的显著性水平。

Panel B：基于地区市场化水平、银行业竞争程度、不良贷款率的参股银行与公司会计业绩回归分析

变量	EXROA		EXROA		EXROA	
	地区市场化水平		地区银行业竞争程度		地区不良贷款率水平	
	低	高	低	高	低	高
HBank	-0.0059* [-1.76]	-0.0042 [-1.27]	-0.0069** [-2.23]	0.0002 [0.08]	-0.0020 [-0.61]	-0.0061** [-2.29]
Assets	0.0111*** [5.66]	0.0088*** [4.36]	0.0086*** [4.84]	0.0083*** [4.88]	0.0098*** [5.09]	0.0081*** [5.20]
BM	-0.0369*** [-4.45]	-0.0337*** [-4.25]	-0.0435*** [-5.74]	-0.0222*** [-3.14]	-0.0266*** [-3.26]	-0.0339*** [-5.23]
Leverage	-0.0844*** [-8.69]	-0.0940*** [-9.13]	-0.0677*** [-7.37]	-0.0856*** [-10.24]	-0.0822*** [-8.41]	-0.0890*** [-11.34]
Sales Growth	0.0073** [2.38]	0.0107*** [3.04]	0.0094*** [3.26]	0.0083*** [2.85]	0.0082*** [2.68]	0.0097*** [3.54]
Assets Turnover	0.0110*** [6.35]	0.0074*** [4.29]	0.0066*** [4.12]	0.0066*** [4.57]	0.0082*** [5.00]	0.0091*** [6.69]
Top1	0.0005*** [4.29]	0.0003** [2.32]	0.0005*** [5.01]	0.0002** [2.17]	0.0003** [2.34]	0.0005*** [5.07]
CEO Duality	0.0040 [0.91]	0.0040 [1.04]	0.0019 [0.50]	0.0072** [2.06]	0.0030 [0.73]	0.0046 [1.41]
截距	-0.1821*** [-4.59]	-0.1202*** [-2.92]	-0.1233*** [-3.38]	-0.1154*** [-3.40]	-0.1546*** [-3.97]	-0.1074*** [-3.36]
Year Fixed Effects	控制	控制	控制	控制	控制	控制

续表

变量	EXROA		EXROA		EXROA	
	地区市场化水平		地区银行业竞争程度		地区不良贷款率水平	
	低	高	低	高	低	高
Industry Fixed Effects	控制	控制	控制	控制	控制	控制
N	738	576	642	672	530	784
Adj. R^2	0. 231	0. 238	0. 222	0. 219	0. 207	0. 276
F	9. 8318	8. 1510	8. 0989	8. 2862	6. 4107	12. 6688

注：以参股比例超过1%作为公司参股银行的标准。同一公司同一年度若持有多家银行股权，则仅计算一次。各地区市场化水平数据取自王小鲁，樊纲和余静文（2016）《中国市场化指数（2011版）》中的总得分。地区银行业竞争程度为该地区非国有银行资产占所有银行资产之比。各地区不良贷款率数据取自中国银监会历年年报。匹配样本采用核匹配法从样本区间内从未参股银行的公司中获取。方括号内为t值，***、**、*分别表示1%、5%、10%的显著性水平。

4.6.4 稳健性检验

1. 采用Bootstrap方法的稳健性检验

尽管前文已经使用核匹配法以尽量避免小样本偏差问题，为进一步解决小样本偏差，本书采用Bootstrape方法计算ATT，即参股银行公司与对照组公司的公司会计业绩差异，结果见表4－24Panel A。可以看出，重复1000次计算获得的*EXROA*的ATT为－0. 0058，且在1%的显著性水平下显著为负，即参股银行公司的会计业绩更差。

表4－24　　参股银行与公司会计业绩关系的稳健性检验

Panel A：采用Bootstrap方法的稳健性检验

变量	重复次数	ATT	Bootstrap Std. Err.	z	p	Normal－based [95% Conf. Interval]	
EXROA	1000	－0. 0058	0. 0020	－2. 94	0	－0. 0097	－0. 0019

注：以参股比例超过1%作为公司参股银行的标准。同一公司同一年度若持有多家银行股权，则仅计算一次。匹配样本从样本区间内从未参股银行的公司中获取。平均处理效应ATT代表参股银行公司与对照组公司在结果变量上的差异。

2. 采用不同样本匹配方法的稳健性检验

前文报告了核匹配法下的实证结果，为获得更稳健的结果，本书还分别采用最近邻匹配法和半径匹配法获得匹配样本，并检验参股银行与公司会计业绩的关系，回归结果见表4－24Panel B。可以看出，不管是采用最近邻匹配法还是半径匹配法，参股银行变量（*HBank*）均显著为负，即参股银行公司的会计业绩更差。

Panel B：采用最近邻匹配和半径匹配法的稳健性检验

变量	EXROA	EXROA
	最近邻匹配法	半径匹配法
HBank	－0.0061*** [－2.66]	－0.0043* [－1.84]
Assets	0.0102*** [7.69]	0.0102*** [7.36]
BM	－0.0396*** [－6.75]	－0.0375*** [－6.39]
Leverage	－0.0897*** [－13.34]	－0.0908*** [－13.09]
Sales Growth	0.0086*** [3.90]	0.0092*** [3.92]
Assets Turnover	0.0095*** [8.27]	0.0088*** [7.33]
*Top*1	0.0004*** [4.98]	0.0004*** [4.91]
CEO Duality	0.0048* [1.66]	0.0042 [1.43]
截距	－0.1533*** [－5.66]	－0.1547*** [－5.49]
Year Fixed Effects	控制	控制
Industry Fixed Effects	控制	控制
N	1316	1302
Adj. R^2	0.25	0.232
F	18.5516	16.6764

注：以参股比例超过1%作为公司参股银行的标准。同一公司同一年度若持有多家银行股权，则仅计算一次。匹配样本从样本区间内从未参股银行的公司中获取。方括号内为t值，***、**、*分别表示1%、5%、10%的显著性水平。

3. 以参股比例超过3%作为公司参股银行的标准

前文以公司参股银行比例超过1%作为公司参股银行的标准，为获取更稳健的结果，本书进一步使用参股银行比例超过3%作为公司参股银行的标准，并检验参股银行对公司会计业绩的影响，回归结果见表 4 - 24 Panel C。可以看出，参股银行变量（*HBank*）的系数为 - 0.0052，且在 10% 的显著性水平下显著为负，即参股银行公司的会计业绩更差。

Panel C：以参股比例超过 3% 作为公司参股银行标准的稳健性检验		
变量	EXROA	
	系数	t 值
HBank	-0.0052*	[-1.92]
Assets	0.0102***	[6.55]
BM	-0.0445***	[-6.54]
Leverage	-0.0859***	[-10.22]
Sales Growth	0.0068***	[2.81]
Assets Turnover	0.0083***	[6.22]
*Top*1	0.0005***	[4.99]
CEO Duality	0.0046	[1.27]
截距	-0.1489***	[-4.75]
Year Fixed Effects	控制	
Industry Fixed Effects	控制	
N	845	
Adj. R^2	0.248	
F	12.0964	

注：以参股比例超过 3% 作为公司参股银行的标准。同一公司同一年度若持有多家银行股权，则仅计算一次。匹配样本采用核匹配法从样本区间内从未参股银行的公司中获取。方括号内为 t 值，***、**、* 分别表示 1%、5%、10% 的显著性水平。

4.7 公司参股银行与公司价值

4.7.1 倾向性得分匹配结果

为获得倾向性得分，本书对上文式（4 - 1）进行回归，结果见表 4 - 25。可以看出，在控制了年度和行业固定效应后，规模变量（*Assets*）的系数在 1% 的显著性水平下显著为正，账市比变量（*BM*）的系数在 10% 的显著性水平下显著为负，市场化水平变量（*Marketilization*）的系数在 1% 的显著性水平下显著为负，公司成立时间变量（*AGE*）的系数在 1% 的显著性水平下显著为正，销售收入增长率变量（*Sales Growth*）的系数在 1% 的显著性水平下显著为负，资产周转率变量（*Assets Turnover*）的系数在 5% 的显著性水平下显著为正，股利支付率变量（*Payout Ratio*）的系数在 10% 的显著性水平下显著为负，是否四大审计变量（*Big4*）的系数在 1% 的显著性水平下显著为负，而杠杆（*Leverage*）、公司业绩（*ROA*）、第一大股东持股比例（*Top1*）、是否同时担任董事长和 CEO（*CEO Duality*）等变量的系数则不显著。可见，规模越大的公司、成长性越好的公司、成立时间越长的公司、销售增长率越低的公司、资产周转率越大的公司、股利支付率越小的公司、非四大审计的公司及市场化水平越低地区的公司越倾向于参股银行。最终，在全部 673 个参股银行的公司年度观测中，本书为其中的 669 个找到了合适的配对样本，其余 4 个因不满足共同支撑假设而无法找到合适的配对样本。

表 4-25　　公司参股银行影响因素的回归分析

变量	系数	t 值
Assets	0.7034***	[13.14]
BM	-0.3825*	[-1.86]
Leverage	0.2957	[1.07]
ROA	0.6474	[0.68]
Marketilization	-0.1063***	[-4.67]
AGE	0.6066***	[3.99]
Sales Growth	-0.2292***	[-2.78]
Assets Turnover	0.1161**	[2.44]
Payout Ratio	-0.3223*	[-1.84]
Big4	-0.9529***	[-3.83]
Top1	0.0041	[1.37]
CEO Duality	0.0670	[0.63]
截距	-17.5240***	[-15.80]

续表

变量	系数	t 值
Year Fixed Effects	控制	
Industry Fixed Effects	控制	
N	6618	
Pseudo R^2	0. 105	
Chi2	456. 7505	

注：以参股比例超过 1% 作为公司参股银行的标准。同一公司同一年度若持有多家银行股权，则仅计算一次。未参股银行公司为样本区间内从未参股银行的公司。方括号内为 t 值，***、**、* 分别表示 1%、5%、10% 的显著性水平。

为检验倾向性得分法的匹配效果，即匹配后的样本是否在公司特征上与参股银行样本不存在显著差异，本书对比了核匹配法匹配前后不同公司特征的差异，结果见表 4－26。可以看出，匹配前参股银行公司在规模（*Assets*）、财务杠杆（*Leverage*）、市场化水平（*Marketilization*）、公司成立时间（*AGE*）、资产周转率变量（*Assets Turnover*）、股利支付率变量（*Payout Ratio*）、是否同时担任董事长和 CEO（*CEO Duality*）等特征上与未参股银行公司有显著差异，而采用核匹配法匹配后，两者在各个公司特征上均不存在显著差异。此外，匹配前参股银行组的倾向性得分（*Propensity Score*）显著高于未参股银行组，而匹配后两者不存在任何差异。可见，采用核匹配法后对照组与参股银行组在各个公司特征上已不存在显著差异。

表 4－26　　　　匹配前后公司特征差异比较

变量	样本	参股银行组	对照组	偏差（%）	降幅（%）	t 值
Assets	匹配前	21. 6990	21. 1120	61. 1		15. 28***
	匹配后	21. 6870	21. 6490	4. 0	93. 4	0. 70
BM	匹配前	0. 6936	0. 6826	4. 1		0. 95
	匹配后	0. 6946	0. 6899	1. 7	57. 8	0. 33
Leverage	匹配前	0. 4880	0. 4028	41. 6		9. 62***
	匹配后	0. 4873	0. 4806	3. 3	92. 1	0. 62
ROA	匹配前	0. 0438	0. 0439	－0. 2		－0. 04
	匹配后	0. 0436	0. 0447	－2. 1	－1073. 4	－0. 37
Marketilization	匹配前	8. 6702	9. 2221	－25. 5		－6. 61***
	匹配后	8. 6827	8. 7081	－1. 2	95. 4	－0. 21

续表

变量	样本	参股银行组	对照组	偏差（%）	降幅（%）	t 值
AGE	匹配前	2.6437	2.5762	20.9		4.88***
	匹配后	2.6422	2.6331	2.8	86.5	0.54
Sales Growth	匹配前	0.2238	0.2585	-5.8		-1.30
	匹配后	0.2242	0.2203	0.7	88.7	0.14
Assets Turnover	匹配前	1.4288	1.2271	20.2		5.62***
	匹配后	1.4119	1.4117	0.0	99.9	0.00
Payout Ratio	匹配前	0.2033	0.2409	-13.7		-3.25***
	匹配后	0.2036	0.2088	-1.9	86.2	-0.36
Big4	匹配前	0.0312	0.0336	-1.4		-0.33
	匹配后	0.0314	0.0326	-0.7	51.2	-0.12
Top1	匹配前	34.3790	33.5740	5.5		1.37
	匹配后	34.5040	33.9220	4.0	27.6	0.71
CEO Duality	匹配前	0.2169	0.2707	-12.5		-2.99***
	匹配后	0.2138	0.2188	-1.2	90.5	-0.23
Propensity Score	匹配前	0.1747	0.0934	78.0		24.20***
	匹配后	0.1714	0.1661	5.1	93.5	0.81

注：以参股比例超过1%作为公司参股银行的标准。同一公司同一年度若持有多家银行股权，则仅计算一次。对照组样本从样本区间内从未参股银行的公司中获取。均值差异采用 t 检验，***、**、*分别表示1%、5%、10%的显著性水平。

图4-7绘制了核匹配法匹配前后的密度函数图。可以看出，在采用核匹配法匹配前，参股银行公司和对照组公司的密度函数有显著差异，而通过核匹配法筛选出的对照组组公司与参股银行公司的密度函数图则极为相似。可见，采用核匹配法获得的对照组公司很好地实现了匹配目标。

4.7.2 参股银行与公司价值关系的检验

为证明参股银行公司的价值更低，本书检验参股银行与 *Tobin's Q* 的关系。已有大量文献采用 *Tobin's Q* 衡量公司价值（Demsetz and Lehn，1985；Morck，Shleifer and Vishny，1988；Lang and Stulz，1994；Yermack，1996；Gompers，Ishii and Metrick，2003）。具体地，本书定义 *Tobin's Q*1 为市值1/资产总计，其中市值1定义为：人民币普通股×今收盘价当期值+境内上市的外资股B股×今收盘价

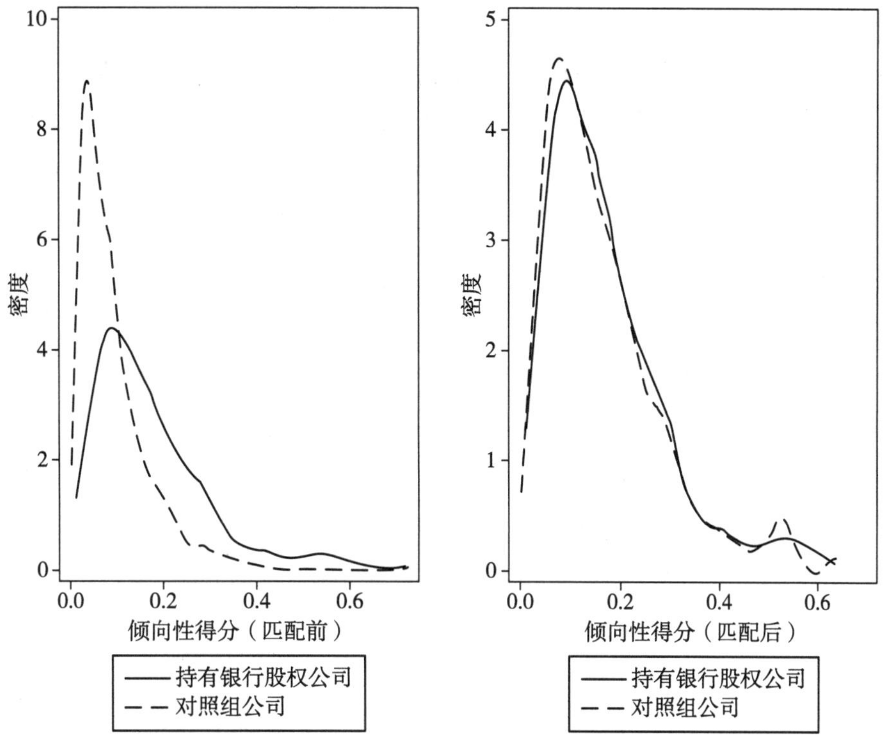

图4－7　核匹配前后密度函数图

注：图中左侧为核匹配法下倾向性得分匹配前的密度函数图，右侧为倾向性得分匹配后的密度函数图。其中，横轴为倾向性得分，纵轴为概率密度。实线代表参股银行公司的密度函数图，虚线代表对照组公司的密度函数图，对照组观测从样本区间内从未参股银行的公司中获取。

当期值×当日汇率+（总股数－人民币普通股－境内上市的外资股B股）×所有者权益合计期末值/实收资本本期期末值+负债合计本期期末值。市值1将人民币普通股和境内上市的外资股B股之外的股份按账面价值计算股权价值，为获得更稳健的实证结果，本书将这些股份按A股市价计算股权价值，并定义市值2为：（总股数－境内上市的外资股B股）×今收盘价A股当期值+境内上市的外资股B股×今收盘价当期值×当日汇率+负债合计本期期末值。相应地，*Tobin's Q*2为市值2/资产总计。

参股银行与公司价值关系的描述性统计结果见表4－27Panel A。表4－27Panel A中的平均处理效应ATT代表参股银行公司与对照组公司在结果变量上的差异。可以看出，在统计意义上，不管采用何种倾向性得分匹配方法，与对照组公司相比，参股银行公司 *Tobin's Q*1 和 *Tobin's Q*2 至少在5%的显著性水平下显著更小；在经济意义上，以核匹配法为例，参股银行公司比对照组公司的 *Tobin's Q*1

小0.1229，*Tobin's Q2* 小0.1536，同时结合表4－4可知，未参股银行公司 *Tobin's Q1* 的均值为1.9528，*Tobin's Q2* 的均值为2.0906，即参股银行平均导致公司价值 *Tobin's Q1* 下降6.3%（0.1229/1.9528），*Tobin's Q2* 下降7.3%（0.1536/2.0906）。综合上述发现可知，参股银行公司不仅在统计意义上，还在经济意义上比对照组公司的公司价值更低。

倾向性得分法为参股银行公司寻找到与其公司特征相似的对照组公司，从而产生了一个新的伪随机样本，即参股银行的行为被随机的分配在实验组和对照组中（Heckman and Navarro－Lozano，2004）。因此，实验组和对照组间的差异应该是由参股银行引起的，而非其他公司特征（Heckman，Ichimura and Todd，1997；Heckman，Ichimura and Todd，1998；Dehejia and Wahba，1999；Dehejia and Wahba，2002），即实验组和对照组的均值差异就能充分代表参股银行的处理效应（Dehejia and Wahba，2002；Dehejia，2005）。换言之，表4－27Panel A 的描述性统计已经能够反映参股银行对公司价值的影响。尽管如此，参考 Lawrence，Minutti－Meza and Zhang（2011），本书进一步采用多元回归分析控制实验组和对照组间剩余的公司特征差异及横截面上普遍存在的公司特征差异。

为控制实验组和对照组间剩余的公司特征差异及横截面上普遍存在的公司特征差异，本书进一步通过多元回归分析检验参股银行对公司价值的影响。具体地，参考 Green and Jame（2013），本书建立如下回归模型：

$$\begin{aligned} Tobin's\ Q_{i,t} = {} & \beta_0 + \beta_1\ HBank_{i,t} + \beta_2\ Assets_{i,t-1} + \beta_3\ Leverage_{i,t-1} + \beta_4 ROA_{i,t-1} \\ & + \beta_5\ AGE_{i,t-1} + \beta_6\ Sales\ Growth_{i,t-1} + \beta_7\ Assets\ Turnover_{i,t-1} \\ & + \beta_8\ Payout\ Ratio_{i,t-1} + \beta_9\ Big4_{i,t-1} + \beta_{10}\ Top1_{i,t-1} \\ & + \beta_{11}\ CEO\ Duality_{i,t-1} + \sum Year + \sum Industry + \varepsilon_{i,t} \end{aligned} \tag{4-7}$$

其中，式（4－7）中因变量为公司价值 *Tobin's Q1* 和 *Tobin's Q2*。自变量为参股银行虚拟变量（*HBank*），即当公司参股银行的比例大于等于1%时，该值取1，否则取0。控制变量包括：公司规模（*Assets*），即公司总资产的对数；财务杠杆（*Leverage*），即总负债除以总资产；盈利能力（*ROA*），即净利润除以年末总资产；公司成立时间（*AGE*），即公司成立时间的对数；销售收入增长率（*Sales Growth*），即当年销售收入减上年销售收入除以上年销售收入；资产周转率（*Assets Turnover*），即销售收入除以平均总资产；股利支付率（*Payout Ratio*），即公司支付的现金股利占净利润之比；是否经四大审计（*Big4*），即如果公司当年被国际四大会计师事务所审计则为1，否则为0；第一大股东持股比例

（*Top*1），即公司第一大股东的持股比例；是否两职合一（*CEO Duality*），即董事长是否兼职 CEO，是为 1，否则为 0；年度（*Year*）为年度虚拟变量；行业（*Industry*）为行业虚拟变量。下标 *i* 代表公司，*t* 代表会计年度。

式（4－7）的回归结果见表4－27Panel B。可以看出，在统计意义上，控制了行业、年度固定效应及其他影响公司价值的变量后，参股银行变量（*HBank*）的系数在 *Tobin's Q*1 和 *Tobin's Q*2 的回归中分别为－0.1128 和－0.1437，且至少在5%的显著性水平上显著为负；在经济意义上，参股银行公司比对照组公司的 *Tobin's Q*1 小0.1128，*Tobin's Q*2 小0.1437，同时结合上文表4－4 可知，未参股银行公司 *Tobin's Q*1 的均值为1.9528，*Tobin's Q*2 的均值为2.0906，即参股银行平均导致公司价值 *Tobin's Q*1 下降 5.8%（0.1128/1.9528），*Tobin's Q*2 下降6.9%（0.1437/2.0906）。综合上述发现可知，参股银行公司不仅在统计意义上，还在经济意义上比对照组公司的公司价值更低。研究表明，公司参股银行会导致银行作为债权人对公司的治理作用下降，公司价值也随之降低。

表 4－27　　　　参股银行与公司价值关系的检验

Panel A：参股银行与公司价值的描述性统计

变量	最近邻匹配		半径匹配		核匹配	
	ATT	t 值	ATT	t 值	ATT	t 值
*Tobin's Q*1	－0.1316	－2.78***	－0.0902	－2.11**	－0.1229	－2.86***
*Tobin's Q*2	－0.1642	－3.19***	－0.1192	－2.56**	－0.1536	－3.28***

Panel B：参股银行与公司价值的回归分析

变量	Tobin's Q1	Tobin's Q2
HBank	－0.1128** [－2.40]	－0.1437*** [－2.77]
Assets	－0.2954*** [－10.63]	－0.3294*** [－10.74]
Leverage	0.0792 [0.49]	0.1161 [0.66]
ROA	3.8960*** [7.13]	4.0117*** [6.65]
AGE	0.0998 [1.16]	0.1069 [1.12]
Sales Growth	－0.0236 [－0.50]	－0.0181 [－0.35]

续表

变量	Tobin's Q1	Tobin's Q2
Assets Turnover	0.0253 [1.03]	0.013 [0.48]
Payout Ratio	-0.0374 [-0.38]	-0.0347 [-0.32]
Big4	0.0448 [0.33]	0.0886 [0.58]
Top1	-0.0055*** [-3.35]	-0.0059*** [-3.25]
CEO Duality	-0.0873 [-1.47]	-0.0939 [-1.44]
截距	7.1775*** [11.96]	7.9440*** [11.99]
Year Fixed Effects	控制	控制
Industry Fixed Effects	控制	控制
N	1338	1338
Adj. R^2	0.33	0.324
F	24.5616	23.8462

注：以参股比例超过1%作为公司参股银行的标准。同一公司同一年度若持有多家银行股权，则仅计算一次。匹配样本采用核匹配法从样本区间内从未参股银行的公司中获取。Panel A 中平均处理效应 ATT 代表参股银行公司与对照组公司在结果变量上的差异。Panel B 中方括号内为 t 值。***、**、*分别表示1%、5%、10%的显著性水平。

4.7.3 不同条件下参股银行与公司价值关系的检验

1. 参股银行比例与公司价值关系的检验

为证明参股银行比例更大的公司价值更低，本书检验公司参股银行比例与公司价值的关系。具体地，本书定义 *HoldingRatio* 为公司参股银行的比例。回归结果见表4-27Panel A。可以看出，在控制了行业、年度固定效应及其他影响公司价值的变量后，在 *Tobin's Q1* 和 *Tobin's Q2* 的回归中，*HoldingRatio* 的系数分别为-0.0125和-0.0157，且在10%的显著性水平下显著为负，即参股银行比例更高的公司价值更低。研究表明，公司参股银行的比例越高，公司对所持银行的影响也越大，导致银行对公司的治理作用下降越多，公司价值也下降更多。

2. 参股大小银行与公司价值关系的检验

为证明参股小银行的公司价值更低，本书将公司所持银行分为大银行和小银行，并检验公司参股大小银行对公司价值的影响。具体地，本书定义 *D_HBigBank* 和 *D_HSmallBank* 分别为持有大银行虚拟变量和持有小银行虚拟变量，其中大银行为股份制商业银行、城市商业银行、城市信用社，小银行为农村商业银行、农村合作银行、农村信用社和村镇银行。回归结果见表 4-28Panel A。可以看出，在控制了行业、年度固定效应及其他影响公司价值的变量后，在 *Tobin's Q1* 和 *Tobin's Q2* 的回归中，*D_HBigBank* 的系数分别为 -0.0078 和 -0.0185，且不显著，*D_HSmallBank* 的系数分别为 -0.0545 和 -0.0549，且在 5% 的显著性水平下显著为负，即参股小银行的公司价值更低。研究表明，相对大银行，公司更易对小银行产生影响，导致小银行对公司的监督作用下降，公司价值也随之降低。

3. 基于市场化水平的参股银行与公司价值关系的检验

为证明处于市场化水平较低地区的公司参股银行时，其公司价值更低，本书将样本按公司所处地区的市场化水平中位数分组，并分别检验地区市场化水平高低时参股银行对公司价值的影响。具体地，本书采取王小鲁，樊纲和余静文（2016）的《中国市场化指数（2011 版）》中披露的总得分衡量各地区的市场化水平[①]。分组回归结果见表 4-28Panel B 和 Panel C。可以看出，在控制了行业、年度固定效应及其他影响公司价值的变量后，在 *Tobin's Q1* 和 *Tobin's Q2* 的回归中，*HBank* 的系数都只在市场化水平较低时显著为负，即处于市场化水平较低地区的公司参股银行时，其公司价值更低。研究表明，地区的市场化水平越低，参股银行公司更易于干预所持银行的信贷资源配置，导致银行作为债权人的公司治理作用更弱，公司价值也随之降低。

4. 基于银行业竞争程度的参股银行与公司价值关系的检验

为证明处于银行业竞争程度较低地区的公司参股银行时，其公司价值更低，本书将样本按公司所处地区的银行业竞争程度中位数分组，并分别检验地区银行业竞争程度高低时参股银行对公司价值的影响。具体地，本书定义地区银行业竞争程度为该地区非国有银行资产占所有银行资产之比，该比值越高，银行业竞争程度也越高。分组回归结果见表 4-28Panel B 和 Panel C。可以看出，在

---

① 2009 年以后年度数据以 2009 年为准。

控制了行业、年度固定效应及其他影响公司价值的变量后，在 *Tobin's Q*1 和 *Tobin's Q*2 的回归中，*HBank* 的系数都只在银行业竞争较低时显著为负，即处于银行业竞争程度较低地区的公司参股银行时，其公司价值更低。研究表明，地区的银行业竞争程度越低，参股银行公司越倾向于干预所持银行的信贷资源配置，导致银行对公司的监督作用下降，公司价值随之降低。

5. 基于不良贷款率的参股银行与公司价值关系的检验

为证明处于不良贷款率较高地区的公司参股银行时，其公司价值更低，本书将样本按公司所处地区的不良贷款率中位数分组，并分别检验地区不良贷款率高低时参股银行对公司价值的影响。具体地，本书从中国银监会历年年报中获得各地区不良贷款率数据。分组回归结果见表 4－28Panel B 和 Panel C。可以看出，在控制了行业、年度固定效应及其他影响公司价值的变量后，在 *Tobin's Q*1 和 *Tobin's Q*2 的回归中，*HBank* 的系数都只在不良贷款率较高时显著为负，即处于不良贷款率较高地区的公司参股银行时，其公司价值更低。研究表明，地区的不良贷款率越高，参股银行公司更倾向于干预所持银行的信贷资源配置，导致银行作为债权人的公司治理作用下降，公司价值也随之降低。

表 4－28　　不同条件下参股银行与公司价值关系的检验

Panel A：参股银行比例、参股大小银行与公司价值的回归分析

变量	Tobin's Q1	Tobin's Q2	Tobin's Q1	Tobin's Q2
HoldingRatio	－0.0125* [－1.65]	－0.0157* [－1.65]		
D_HBigBank			－0.0078 [－0.36]	－0.0185 [－0.83]
D_HSmallBank			－0.0545** [－2.16]	－0.0549** [－2.12]
Assets	－0.3266*** [－10.60]	－0.5223*** [－13.49]	－0.1393*** [－12.61]	－0.1448*** [－12.78]
ROA	0.1210 [0.68]	－0.0273 [－0.12]	0.0383 [0.61]	0.0422 [0.65]
AGE	4.0166*** [6.64]	6.0041*** [7.91]	1.5869*** [7.40]	1.5317*** [6.97]
Sales Growth	0.0970 [1.02]	－0.1739 [－1.45]	0.0500 [1.48]	0.0506 [1.46]
Assets Turnover	－0.0185 [－0.35]	0.0223 [0.34]	－0.0048 [－0.26]	－0.0002 [－0.01]

续表

变量	Tobin's Q1	Tobin's Q2	Tobin's Q1	Tobin's Q2
Leverage	0. 0171 [0. 63]	0. 0204 [0. 60]	0. 0094 [0. 98]	0. 0042 [0. 43]
Payout Ratio	-0. 0290 [-0. 27]	0. 1083 [0. 80]	-0. 0014 [-0. 04]	0. 0009 [0. 02]
*Big*4	0. 0814 [0. 54]	0. 3581 * [1. 88]	0. 0406 [0. 75]	0. 0573 [1. 04]
*Top*1	-0. 0062 *** [-3. 40]	0. 0008 [0. 37]	-0. 0022 *** [-3. 36]	-0. 0023 *** [-3. 43]
CEO Duality	-0. 0958 [-1. 46]	-0. 0495 [-0. 60]	-0. 0186 [-0. 80]	-0. 0203 [-0. 85]
截距	7. 8812 *** [11. 87]	12. 7892 *** [15. 34]	2. 9520 *** [12. 40]	3. 1200 *** [12. 78]
Year Fixed Effects	控制	控制	控制	控制
Industry Fixed Effects	控制	控制	控制	控制
N	1338	1338	1338	1338
Adj. R^2	0. 321	0. 370	0. 412	0. 413
F	23. 5808	29. 0462	33. 3180	33. 4819

注：以参股比例超过 1% 作为公司参股银行的标准。*HoldingRatio* 为公司参股银行的比例。*D_HBigBank*和 *D_HSmallBank* 分别为持有大银行虚拟变量和持有小银行虚拟变量，大银行为股份制商业银行、城市商业银行、城市信用社，小银行为农村商业银行、农村合作银行、农村信用社和村镇银行。同一公司同一年度若持有多家银行股权，则仅计算一次，且以参股比例最高者为准。匹配样本采用核匹配法从样本区间内从未参股银行的公司中获取。方括号内为 t 值，***、**、* 分别表示 1%、5%、10% 的显著性水平。

Panel B：基于地区市场化水平、银行业竞争程度、不良贷款率的参股银行与公司价值回归分析

变量	Tobin's Q1		Tobin's Q1		Tobin's Q1	
	地区市场化水平		地区银行业竞争程度		地区不良贷款率水平	
	低	高	低	高	低	高
HBank	-0. 1714 ** [-2. 57]	-0. 0473 [-0. 69]	-0. 1324 ** [-2. 04]	-0. 087 [-1. 26]	-0. 0374 [-0. 46]	-0. 1662 *** [-2. 87]
Assets	-0. 3288 *** [-8. 70]	-0. 2746 *** [-6. 24]	-0. 3098 *** [-8. 33]	-0. 2996 *** [-6. 93]	-0. 3543 *** [-7. 15]	-0. 2590 *** [-7. 68]
Leverage	0. 1320 [0. 62]	0. 0063 [0. 03]	0. 2511 [1. 20]	-0. 0527 [-0. 21]	-0. 0125 [-0. 05]	0. 1056 [0. 53]

续表

变量	Tobin's Q1		Tobin's Q1		Tobin's Q1	
	地区市场化水平		地区银行业竞争程度		地区不良贷款率水平	
	低	高	低	高	低	高
ROA	3.7719*** [5.28]	3.7316*** [4.30]	3.2010*** [4.52]	4.4089*** [5.19]	4.5494*** [4.78]	3.4353*** [5.18]
AGE	0.2292* [1.89]	-0.0734 [-0.59]	0.0041 [0.04]	0.2344* [1.79]	0.1386 [0.95]	0.0936 [0.87]
Sales Growth	-0.0664 [-1.06]	0.0259 [0.36]	0.0287 [0.47]	-0.0866 [-1.19]	0.0047 [0.06]	-0.0648 [-1.07]
Assets Turnover	0.0804** [2.29]	-0.0315 [-0.87]	-0.0697** [-2.01]	0.0916*** [2.60]	-0.0158 [-0.38]	0.0586* [1.90]
Payout Ratio	-0.058 [-0.40]	-0.1137 [-0.84]	-0.0601 [-0.44]	0.0087 [0.06]	-0.0696 [-0.41]	-0.045 [-0.38]
Big4	-0.0153 [-0.07]	0.0422 [0.25]	0.1817 [0.93]	0.0293 [0.15]	0.0663 [0.31]	-0.0332 [-0.18]
Top1	-0.0037 [-1.62]	-0.0080*** [-3.34]	-0.0032 [-1.38]	-0.0079*** [-3.26]	-0.0026 [-0.91]	-0.0072*** [-3.54]
CEO Duality	-0.1466 [-1.65]	0.0041 [0.05]	-0.1078 [-1.34]	-0.0981 [-1.13]	-0.0784 [-0.76]	-0.085 [-1.18]
截距	7.4992*** [9.10]	7.3106*** [7.76]	7.6239*** [9.09]	7.0027*** [7.91]	8.2652*** [7.83]	6.4518*** [8.79]
Year Fixed Effects	控制	控制	控制	控制	控制	控制
Industry Fixed Effects	控制	控制	控制	控制	控制	控制
N	760	578	648	690	538	800
Adj. R^2	0.325	0.339	0.352	0.327	0.332	0.330
F	14.0210	11.5138	13.5362	12.9244	10.4722	15.0344

注：以参股比例超过1%作为公司参股银行的标准。同一公司同一年度若持有多家银行股权，则仅计算一次。各地区市场化水平数据取自王小鲁，樊纲和余静文（2016）《中国市场化指数（2011版）》中的总得分。地区银行业竞争程度为该地区非国有银行资产占所有银行资产之比。各地区不良贷款率数据取自中国银监会历年年报。匹配样本采用核匹配法从样本区间内从未参股银行的公司中获取。方括号内为t值，***、**、*分别表示1%、5%、10%的显著性水平。

Panel C：基于地区市场化水平、银行业竞争程度、不良贷款率的参股银行与公司价值回归分析						
变量	Tobin's Q2		Tobin's Q2		Tobin's Q2	
	地区市场化水平		地区银行业竞争程度		地区不良贷款率水平	
	低	高	低	高	低	高
HBank	-0.2177*** [-2.95]	-0.0589 [-0.79]	-0.1903*** [-2.60]	-0.1017 [-1.35]	-0.0647 [-0.73]	-0.1968*** [-3.07]
Assets	-0.3724*** [-8.88]	-0.2924*** [-6.08]	-0.3516*** [-8.38]	-0.3235*** [-6.87]	-0.3949*** [-7.22]	-0.2897*** [-7.77]
Leverage	0.1838 [0.77]	-0.0002 [-0.00]	0.2841 [1.20]	-0.0089 [-0.03]	0.0413 [0.14]	0.1338 [0.61]
ROA	3.8693*** [4.88]	3.8412*** [4.05]	3.3083*** [4.14]	4.6215*** [4.99]	5.0166*** [4.77]	3.3355*** [4.55]
AGE	0.2543* [1.89]	-0.088 [-0.65]	-0.0123 [-0.10]	0.2539* [1.78]	0.144 [0.89]	0.105 [0.88]
Sales Growth	-0.0588 [-0.85]	0.0254 [0.32]	0.0291 [0.42]	-0.0777 [-0.98]	-0.0017 [-0.02]	-0.0501 [-0.75]
Assets Turnover	0.0749* [1.92]	-0.0519 [-1.30]	-0.0807** [-2.06]	0.0802** [2.09]	-0.0314 [-0.69]	0.0489 [1.44]
Payout Ratio	-0.0592 [-0.37]	-0.1168 [-0.79]	-0.0727 [-0.48]	0.0288 [0.19]	-0.0748 [-0.40]	-0.038 [-0.29]
Big4	0.0142 [0.06]	0.0859 [0.47]	0.2348 [1.06]	0.0669 [0.32]	0.0968 [0.41]	0.0255 [0.13]
Top1	-0.0038 [-1.49]	-0.0089*** [-3.39]	-0.0031 [-1.21]	-0.0086*** [-3.27]	-0.0032 [-1.01]	-0.0073*** [-3.27]
CEO Duality	-0.1471 [-1.49]	-0.0093 [-0.11]	-0.1156 [-1.27]	-0.0995 [-1.05]	-0.0777 [-0.69]	-0.0945 [-1.18]
截距	8.4153*** [9.20]	7.8248*** [7.60]	8.6016*** [9.09]	7.5217*** [7.80]	9.1832*** [7.88]	7.1307*** [8.78]
Year Fixed Effects	控制	控制	控制	控制	控制	控制
Industry Fixed Effects	控制	控制	控制	控制	控制	控制
N	760	578	648	690	538	800
Adj. R^2	0.317	0.332	0.345	0.313	0.327	0.318
F	13.5529	11.1909	13.1562	12.1703	10.2829	14.3148

注：以参股比例超过 1% 作为公司参股银行的标准。同一公司同一年度若持有多家银行股权，则仅计算一次。各地区市场化水平数据取自王小鲁，樊纲和余静文（2016）《中国市场化指数（2011 版）》中的总得分。地区银行业竞争程度为该地区非国有银行资产占所有银行资产之比。各地区不良贷款率数据取自中国银监会历年年报。匹配样本采用核匹配法从样本区间内从未参股银行的公司中获取。方括号内为 t 值，***、**、* 分别表示 1%、5%、10% 的显著性水平。

4.7.4 稳健性检验

1. 采用 Bootstrap 方法的稳健性检验

尽管前文已经使用核匹配法以尽量避免小样本偏差问题，为进一步解决小样本偏差，本书采用 Bootstrape 方法计算 ATT，即参股银行公司与对照组公司的公司价值差异，结果见表 4 - 29Panel A。可以看出，重复 1000 次计算获得的 *Tobin's Q*1 和 *Tobin's Q*2 的 ATT 分别为 - 0. 1229 和 - 0. 1536，且均显著为负，即参股银行公司的价值更低。

表 4 - 29　　参股银行与公司价值关系的稳健性检验

Panel A：采用 Bootstrap 方法的稳健性检验

变量	重复次数	ATT	Bootstrap Std. Err.	z	p	Normal - based [95% Conf. Interval]	
*Tobin's Q*1	1000	- 0. 1229	0. 0479	- 2. 56	0. 01	- 0. 2169	- 0. 0290
*Tobin's Q*2	1000	- 0. 1536	0. 0494	- 3. 11	0	- 0. 2505	- 0. 0567

注：以参股比例超过 1% 作为公司参股银行的标准。同一公司同一年度若持有多家银行股权，则仅计算一次。匹配样本从样本区间内从未参股银行的公司中获取。平均处理效应 ATT 代表参股银行公司与对照组公司在结果变量上的差异。

2. 采用不同样本匹配方法的稳健性检验

前文报告了核匹配法下的实证结果，为获得更稳健的结果，本书还分别采用最近邻匹配法和半径匹配法获得匹配样本，并检验参股银行与公司价值的关系，回归结果见表 4 - 29Panel B。可以看出，不管是采用最近邻匹配法还是半径匹配法，参股银行变量（*HBank*）均显著为负，即参股银行公司的价值更低。

Panel B：采用最近邻匹配和半径匹配法的稳健性检验

变量	Tobin's Q1	Tobin's Q2	Tobin's Q1	Tobin's Q2
	最近邻匹配法		半径匹配法	
HBank	- 0. 1201 ** [- 2. 54]	- 0. 1532 *** [- 2. 96]	- 0. 0843 * [- 1. 81]	- 0. 1128 ** [- 2. 20]
Assets	- 0. 3285 *** [- 11. 76]	- 0. 3634 *** [- 11. 86]	- 0. 3083 *** [- 10. 76]	- 0. 3417 *** [- 10. 80]

续表

变量	Tobin's Q1	Tobin's Q2	Tobin's Q1	Tobin's Q2
	最近邻匹配法		半径匹配法	
Leverage	0.1163 [0.72]	0.1719 [0.98]	0.1316 [0.83]	0.1665 [0.95]
ROA	4.0427 *** [7.47]	4.2339 *** [7.14]	3.6103 *** [6.66]	3.7099 *** [6.20]
AGE	0.1170 [1.35]	0.1241 [1.31]	0.0840 [0.98]	0.0900 [0.96]
Sales Growth	-0.0264 [-0.56]	-0.0298 [-0.58]	-0.0162 [-0.35]	-0.0116 [-0.22]
Assets Turnover	0.0010 [0.04]	-0.0186 [-0.70]	-0.0044 [-0.18]	-0.0192 [-0.71]
Payout Ratio	-0.0967 [-0.97]	-0.0907 [-0.83]	-0.0209 [-0.22]	-0.0186 [-0.17]
Big4	0.0914 [0.67]	0.1596 [1.06]	0.0722 [0.53]	0.1175 [0.79]
Top1	-0.0067 *** [-4.00]	-0.0073 *** [-4.00]	-0.0054 *** [-3.34]	-0.0058 *** [-3.24]
CEO Duality	-0.0926 [-1.55]	-0.0981 [-1.50]	-0.0831 [-1.42]	-0.0895 [-1.39]
截距	7.9179 *** [13.05]	8.7235 *** [13.11]	7.4784 *** [12.06]	8.2434 *** [12.04]
Year Fixed Effects	控制	控制	控制	控制
Industry Fixed Effects	控制	控制	控制	控制
N	1338	1338	1338	1338
Adj. R^2	0.339	0.334	0.333	0.327
F	25.5154	24.9081	24.3482	23.6300

注：以参股比例超过1%作为公司参股银行的标准。同一公司同一年度若持有多家银行股权，则仅计算一次。匹配样本从样本区间内从未参股银行的公司中获取。方括号内为t值，***、**、*分别表示1%、5%、10%的显著性水平。

3. 考虑其他衡量公司价值变量的稳健性检验

前文使用 *Tobin's Q*1 和 *Tobin's Q*2 衡量公司价值，为解决上述变量在衡量公司价值时可能存在的测量误差问题，本书进一步使用其他方法衡量公司价值。具体地，首先，考虑到无形资产和商誉不存在实物形态且易被操纵，本书将其从资产总计中扣除，并定义 *Tobin's Q3* 为市值 1/(资产总计 - 无形资产净额 - 商誉净额)，*Tobin's Q4* 为市值 2/(资产总计 - 无形资产净额 - 商誉净额)。其次，参考 Cremers and Ferrell（2014），本书采用行业年度调整的 *Tobin's Q* 衡量公司价值，即分别使用 *Tobin's Q1* 和 *Tobin's Q2* 减去各自同行业同年度的中位数来衡量公司价值。相应的回归结果见表 4 - 29Panel C。可以看出，不管采用何种方法衡量公司价值，参股银行变量（*HBank*）均显著为负。

Panel C：考虑其他衡量公司价值变量的稳健性检验

变量	Tobin's Q3	Tobin's Q4	Median Adjusted Tobin's Q1	Median Adjusted Tobin's Q2
HBank	-0.1735*** [-2.91]	-0.2101*** [-3.23]	-0.1063** [-2.30]	-0.1382*** [-2.74]
Assets	-0.4785*** [-13.56]	-0.5255*** [-13.66]	-0.2678*** [-9.80]	-0.2959*** [-9.94]
Leverage	-0.0658 [-0.32]	-0.0334 [-0.15]	0.1161 [0.74]	0.1615 [0.94]
ROA	5.8212*** [8.38]	5.9943*** [7.92]	3.7893*** [7.05]	3.8867*** [6.64]
AGE	-0.1577 [-1.44]	-0.1608 [-1.35]	0.1323 [1.56]	0.1480 [1.60]
Sales Growth	0.0150 [0.25]	0.0229 [0.35]	-0.0270 [-0.58]	-0.0260 [-0.51]
Assets Turnover	0.0312 [1.00]	0.0151 [0.45]	0.0355 [1.48]	0.0251 [0.96]
Payout Ratio	0.0924 [0.75]	0.1007 [0.75]	-0.0534 [-0.56]	-0.0546 [-0.52]
Big4	0.3051* [1.75]	0.3667* [1.93]	0.0383 [0.28]	0.0798 [0.54]
Top1	0.0011 [0.51]	0.0012 [0.54]	-0.0045*** [-2.79]	-0.0046*** [-2.60]
CEO Duality	-0.0418 [-0.56]	-0.0471 [-0.57]	-0.0742 [-1.27]	-0.0754 [-1.19]
截距	11.8001*** [15.48]	12.8735*** [15.49]	5.3706*** [9.10]	5.9415*** [9.24]

续表

变量	Tobin's Q3	Tobin's Q4	Median Adjusted Tobin's Q1	Median Adjusted Tobin's Q2
Year Fixed Effects	控制	控制	控制	控制
Industry Fixed Effects	控制	控制	控制	控制
N	1338	1338	1338	1338
Adj. R^2	0.381	0.374	0.152	0.150
F	30.3804	29.4911	9.5900	9.4014

注：以参股比例超过1%作为公司参股银行的标准。同一公司同一年度若持有多家银行股权，则仅计算一次。匹配样本采用核匹配法从样本区间内从未参股银行的公司中获取。方括号内为t值，***、**、*分别表示1%、5%、10%的显著性水平。

4. 以参股比例超过3%作为公司参股银行的标准

前文以公司参股银行比例超过1%作为公司参股银行的标准，为获取更稳健的结果，本书进一步使用参股银行比例超过3%作为公司参股银行的标准，并检验参股银行对公司价值的影响，回归结果见表4-29Panel D。可以看出，参股银行变量（*HBank*）的系数在 *Tobin's Q*1 和 *Tobin's Q*2 的回归中分别为-0.0937和-0.1207，且均在10%的显著性水平下显著为负，即参股银行公司的价值更低。

Panel D：以参股比例超过3%作为公司参股银行标准的稳健性检验

变量	Tobin's Q1	Tobin's Q2
HBank	-0.0937* [-1.66]	-0.1207* [-1.94]
Assets	-0.2928*** [-8.89]	-0.3227*** [-8.88]
Leverage	0.2317 [1.17]	0.2631 [1.20]
ROA	3.8206*** [5.63]	3.8635*** [5.16]
AGE	0.0737 [0.70]	0.0776 [0.67]
Sales Growth	-0.0079 [-0.15]	0.0039 [0.07]
Assets Turnover	0.0006 [0.02]	-0.0152 [-0.48]

续表

变量	Tobin's Q1	Tobin's Q2
Payout Ratio	-0.0317 [-0.27]	-0.0158 [-0.12]
*Big*4	-0.0134 [-0.09]	0.0371 [0.22]
*Top*1	-0.0061*** [-3.06]	-0.0067*** [-3.05]
CEO Duality	0.0034 [0.04]	0.0118 [0.14]
截距	7.1354*** [10.17]	7.8201*** [10.11]
Year Fixed Effects	控制	控制
Industry Fixed Effects	控制	控制
N	860	860
Adj. R^2	0.345	0.339
F	17.1717	16.7071

注：以参股比例超过3%作为公司参股银行的标准。同一公司同一年度若持有多家银行股权，则仅计算一次。匹配样本采用核匹配法从样本区间内从未参股银行的公司中获取。方括号内为t值，***、**、*分别表示1%、5%、10%的显著性水平。

5. 公司参股银行事件的市场反应

前文通过采用倾向性得分法为参股银行公司寻找配对公司以检验参股银行对公司价值的影响，发现参股银行公司的价值更低。然而，该方法仅建立了参股银行与公司价值之间的相关关系。为进一步证明参股银行与公司价值之间还存在因果关系，本书通过事件研究法检验公司宣告参股银行时的市场反应。根据理论分析，本书预期公司宣告参股银行时的市场反应显著为负。

本书从巨潮、Wind和同花顺数据库中手工收集了1999—2013年上市公司宣告参股银行的事件，初始事件观测有69个。进一步地，本书删除估计期和事件期内股票回报率数据缺失的样本8个，删除事件期内发生其他重大事件①的样本2个。最终，本书获得59个上市公司宣告参股银行的观测。详细的样本选择过程见表4-30。

① 重大事件日期包括年、中、季报公告日，盈余预测公告日，股利宣告日，内部人交易信息披露日，定向增发、配股宣告日，违规处理日。

表 4 – 30　　　　公司宣告参股银行事件的样本选择

会计年度	初始样本观测	估计期和事件期内回报率数据缺失	事件期内发生其他重大事件	最终样本观测
1999	2			2
2000	2	1		1
2001	1	1		0
2003	3			3
2005	5			5
2006	1			1
2007	5	1		4
2008	4	2		2
2009	7			7
2010	2			2
2011	4	1		3
2012	7	2		5
2013	26		2	24
合计	69	8	2	59

本书采用如下方法计算参股银行事件的市场反应。事件日期定义为公司宣告开始参股银行的日期，若宣告日非股票交易日期，则递延至股票交易日期。参考 Dodd and Warner（1983），本书采用市场模型计算事件的异常回报率，具体地，市场模型采用如下方法计算事件每天的异常回报率 AR 及累计异常回报率 CAR：

$$AR_{i,t} = R_{i,t} - \widehat{R}_{i,t} = R_{i,t} - \widehat{\alpha}_i - \widehat{\beta}_i MR_t$$

$$CAR_{i,\tau,T} = \sum_{t=\tau}^{T} AR_{i,t}$$

其中，R 为考虑现金红利再投资的股票回报率，MR 为考虑现金红利再投资的所有 A 股股票的等权市场回报率。下标 i 代表每只股票，t 代表天数。$\widehat{\alpha}_i$和$\widehat{\beta}_i$分别代表用估计期回报率数据按市场模型获得的模型参数，$CAR_{i,\tau,T}$代表从第 τ 日至第 T 日的累计异常回报率。本书选择估计期窗口为事件前 210 日至事件前 21 日，事件期窗口为事件前 20 日至事件后 250 日。

图 4 – 8 绘制了公告宣告参股银行事件的累计异常回报率 CAR。可以看出，当公司宣告参股银行时，该事件的累计异常回报率在整个事件区间达到 – 15%

左右。可见，针对公司宣告参股银行事件，投资者给予了显著为负的市场反应。

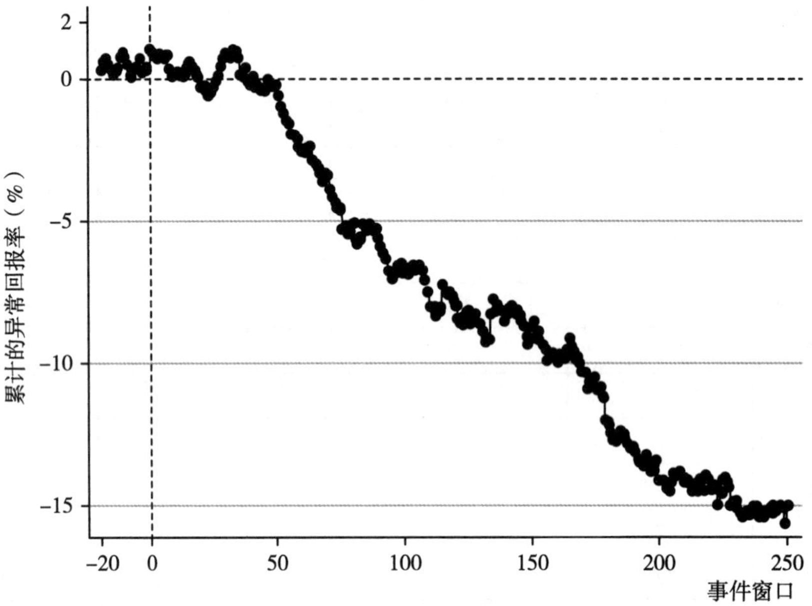

图 4-8 公司宣告参股银行事件的累计异常回报率

注：图中横轴代表事件窗口，纵轴代表累计的异常回报率。计算异常回报率所选用的估计窗口为事件前 210 日至事件前 21 日，事件期窗口为事件前 20 日至事件后 250 日。

表 4-31Panel A 列示了参股银行事件累计异常回报率 *CAR* 的统计检验结果。可以看出，（1）在整个事件期［-20，250］内，累计异常回报率 *CAR* 的均值和中位数分别为 -15.01% 和 -7.93%，且均显著为负。可见，投资者给予公司参股银行事件显著为负的市场反应。（2）在事件期［-20，32］内，累计异常回报率 *CAR* 的均值和中位数分别为 0.77% 和 1.44%，且均不显著；在事件期［33，250］内，累计异常回报率 *CAR* 的均值和中位数分别为 -15.78% 和 -15.10%，且均显著为负。可见，投资者并未立刻识别出公司参股银行事件的负面影响，而是逐步识别出其负面影响。（3）在事件期［33，200］内，累计异常回报率 *CAR* 的均值和中位数分别为 -14.84% 和 -10.05%，且均显著为负；在事件期［201，250］内，累计异常回报率 *CAR* 的均值和中位数分别为 -0.94% 和 -3.13%，且均不显著。可见，在事件日 200 天之后，投资者已经将公司参股银行事件的负面影响全部体现在股票价格中，公司股价不再继续下降。

表4-31　　公司宣告参股银行事件的累计异常回报率

Panel A：公司宣告参股银行事件的累计异常回报率

事件区间	观测	均值	t-stat.	中位数	z-stat.
[-20, 250]	59	-0.1501	-2.33**	-0.0793	-1.86*
[-20, 32]	59	0.0077	0.38	0.0144	0.27
[33, 250]	59	-0.1578	-2.79***	-0.1510	-2.42**
[33, 200]	59	-0.1484	-3.10***	-0.1005	-2.64***
[201, 250]	59	-0.0094	-0.50	-0.0313	-0.70

Panel B：匹配公司同一事件日期的累计异常回报率

匹配变量	事件区间	观测	均值	t-stat.	中位数	z-stat.
Assets	[-20, 250]	59	-0.0264	-0.42	-0.0081	-0.28
ROA	[-20, 250]	59	0.0281	0.40	0.0264	0.33
BM	[-20, 250]	59	0.0112	0.16	0.0081	0.18
Leverage	[-20, 250]	59	0.0809	1.02	0.1080	1.17

注：计算异常回报率所选用的估计窗口为事件前210日至事件前21日，事件期窗口为事件前20日至事件后250日。均值差异检验采用 t 统计量，中位数差异检验采用z统计量。***、**、*分别表示1%、5%、10%的显著性水平。

综合上述发现可知，当公司宣告参股银行事件时，投资者并未立刻识别出其负面影响，而随着新信息的不断释放，投资者逐渐意识到公司参股银行后银行作为债权人对公司的监督作用会下降，即银行的公司治理作用会降低，继而投资者会逐步给予其负面市场反应，导致公司价值降低。

另外，前文发现投资者给予公司参股银行事件以显著为负的市场反应，但参股银行公司与其他公司的基本面特征本身就不完全相同，而这些特征也可能导致上述事件出现负面的市场反应，即该现象可能内生于参股银行公司的基本面特征。为克服该内生性问题，本书采用如下方法重新计算该事件的累计异常回报率 *CAR*：首先，为参股银行公司寻找同行业同年度公司特征相似的配对公司；其次，将参股银行事件的事件日期赋予相应的配对公司；最后，计算配对公司在相同事件日期的市场反应。如果前文发现的负面市场反应是由参股银行公司的基本面特征引起的，那么，以配对公司计算的累计异常回报率 *CAR* 也应呈现相似的结果，否则前文发现则并非由参股银行公司的基本面特征引起。

具体地，本书为参股银行公司在同行业同年度分别寻找其公司规模（*Assets*）、盈利能力（*ROA*）、账市比（*BM*）及杠杆（*Leverage*）最近的公司作为配对公司，并计算配对公司在该事件日期的累计异常回报率 *CAR*。图4-9、图4-10、图4-11、图4-12分别列示了相应的配对公司在同一事件日期的累计异常回报

率 *CAR*。可以看出，它们在同一事件日期的累计异常回报率 *CAR* 在［-4%，8%］之间波动，并未呈现出与图 4-8 类似的结果。

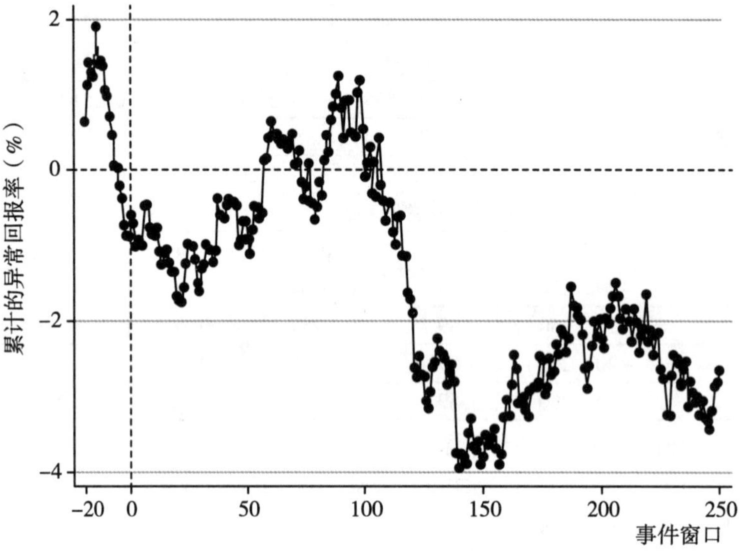

图 4-9　同行业同年度规模最近公司同一事件日期的累计异常回报率

注：图中横轴代表事件窗口，纵轴代表累计的异常回报率。计算异常回报率所选用的估计窗口为事件前 210 日至事件前 21 日，事件期窗口为事件前 20 日至事件后 250 日。

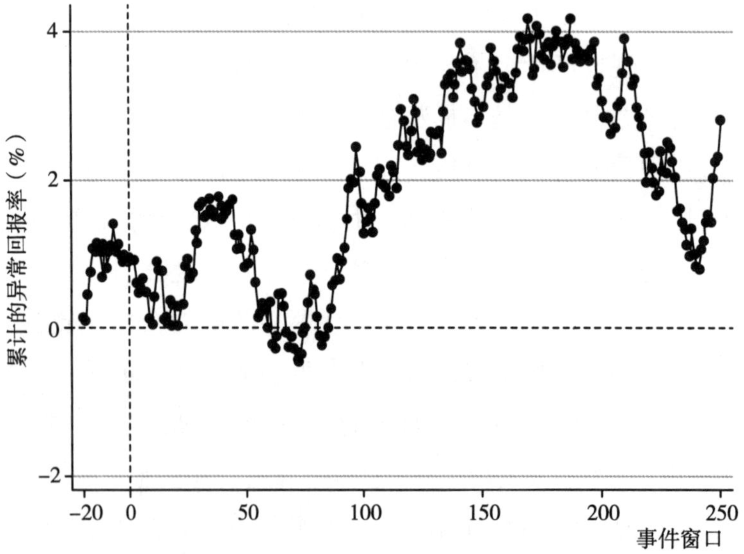

图 4-10　同行业同年度盈利能力最近公司同一事件日期的累计异常回报率

注：图中横轴代表事件窗口，纵轴代表累计的异常回报率。计算异常回报率所选用的估计窗口为事件前 210 日至事件前 21 日，事件期窗口为事件前 20 日至事件后 250 日。

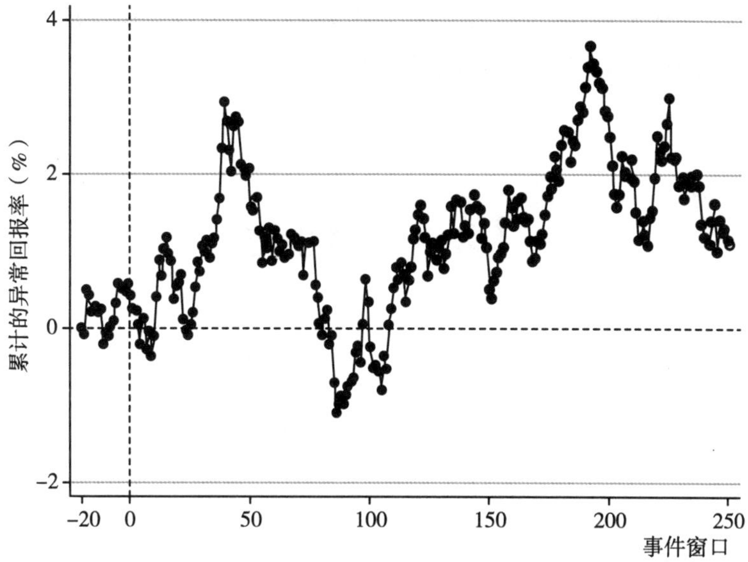

图4-11 同行业同年度账市比最近公司同一事件日期的累计异常回报率

注：图中横轴代表事件窗口，纵轴代表累计的异常回报率。计算异常回报率所选用的估计窗口为事件前210日至事件前21日，事件期窗口为事件前20日至事件后250日。

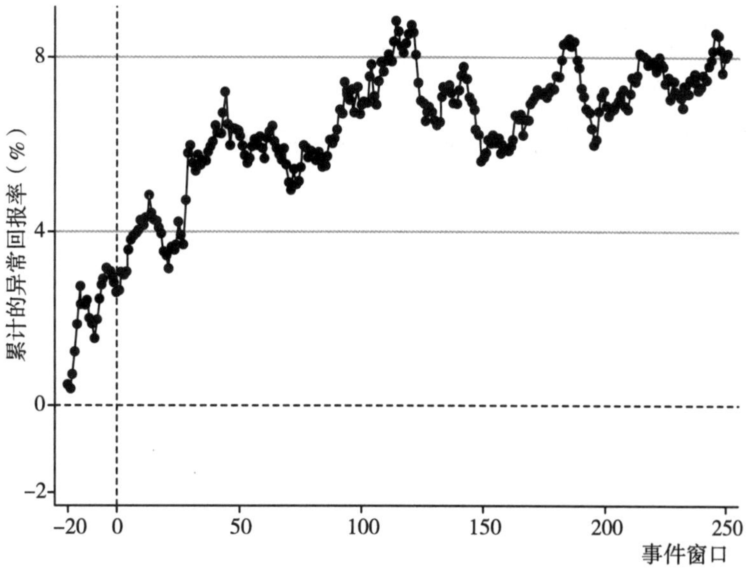

图4-12 同行业同年度杠杆最近公司同一事件日期的累计异常回报率

注：图中横轴代表事件窗口，纵轴代表累计的异常回报率。计算异常回报率所选用的估计窗口为事件前210日至事件前21日，事件期窗口为事件前20日至事件后250日。

表4-31Panel B列示了配对公司在同一事件日期累计异常回报率*CAR*的统计检验结果。可以看出，不管以何种公司特征进行匹配，配对公司在同一事件

日期累计异常回报率 *CAR* 的均值和中位数均不显著，即公司参股银行事件市场反应显著为负的现象并非是因这类公司的公司特征引起。

4.8 本章小结

本书以 2004—2013 年的民营上市公司为研究对象，采用倾向性得分法为参股银行公司（以参股比例超过 1% 为准）寻找配对样本，并依次检验参股银行与管理层薪酬业绩敏感性、会计稳健性、盈余持续性、会计业绩和公司价值的关系。本书具体研究问题和研究发现如下：

相对未参股银行公司，参股银行公司的管理层薪酬业绩敏感性更低，即参股银行公司的债权人治理作用更弱。基于此，本书还发现，相对未参股银行公司，参股银行公司的会计稳健性、盈余持续性、会计业绩和市场价值均更低。上述结论主要见诸参股银行比例较高、参股小银行的公司，以及处于市场化水平较低、银行业竞争程度较弱或不良贷款率较高地区的公司。研究表明，参股银行会弱化银行作为债权人的治理作用，其会对公司产生一系列负面影响，当公司更易向所参股银行施压时，银行的治理作用越弱，其对公司产生的负面影响也更强。

为进一步证明上述结论的可靠性，本书还做了一系列稳健性检验。稳健性检验结论与上述结果一致。

第5章　结　　语

5.1　研究结论

已有研究发现，银行可以发挥积极的公司治理作用，其不仅体现在银行可以通过事前的信息筛选确定潜在优质客户（Allen，1990），还体现在银行可以通过事后的积极监督确保公司正确投资（Diamond，1984），即银行可以发挥减少公司逆向选择和道德风险的公司治理作用。然而，本书认为，银行能够发挥公司治理作用的前提是债务契约具有硬约束。具体地，当公司与银行之间相互独立时，在公司申请贷款时，公司需要向银行提供财务报表等信息以便于银行对其进行信息筛选，银行的信息筛选机制使其将资金仅贷给高质量的公司，从而减少了公司的逆向选择问题；在公司获得贷款后，银行债务契约要求公司按时还本付息，导致管理层可控的自由现金流大大降低（Jensen，1986），而且，一旦公司发生债务违约，债务契约还赋予债权人接管公司的权利（Smith and Warner，1979），从而减少了公司的道德风险问题。

本书认为，当公司参股银行时，银行债务契约的硬约束会大大降低。一方面，当公司参股银行时，公司会被当作银行内部人，银行在审批贷款时所执行的审查标准就可能降低，使公司可以获得更多银行借款（Laeven，2001；Charumilind，Kali and Wiwattanakantang，2006；La Porta，Lopez - De - Silanes and Zamarripa，2003），导致银行借款在事前无法发挥对公司的信息筛选作用；另一方面，银行与持有其股权公司所签订的债务契约条款更为宽松，导致债务契约对公司管理层自利行为的约束减少，甚至当公司出现经营困难而无法按期偿还借款时，银行也会对贷款进行展期。可见，当公司参股银行时，银行债务契约对公司的约束实际是软的，即银行无法发挥对公司的治理作用。

具体地，本书以2004—2013年的民营上市公司为研究对象，采用倾向性得分法为参股银行公司（以参股比例超过1%为准）寻找配对样本，并依次检验参股银行与管理层薪酬业绩敏感性、会计稳健性、盈余持续性、会计业绩和公司价值的关系。本书具体研究问题和研究发现如下：

第一，考虑到参股银行会弱化银行作为债权人的公司治理作用，本书检验参股银行与公司管理层薪酬业绩敏感性的关系。研究发现，与未参股银行公司相比，参股银行公司的管理层薪酬业绩敏感性更低。研究表明，公司参股银行会削弱银行对公司的治理作用。

第二，考虑到参股银行会弱化银行的公司治理作用，其会对公司产生诸多负面影响，本书依次检验参股银行与公司会计稳健性、盈余持续性、会计业绩和公司价值的关系。研究发现，与未参股银行公司相比，参股银行公司的会计稳健性、盈余持续性、会计业绩和公司价值均更低。研究表明，公司参股银行弱化了银行作为债权人的公司治理作用，其会对公司造成一系列负面影响。

第三，考虑到当公司更易于对所持银行施压时，银行对公司的治理作用更弱，参股银行对公司产生的负面影响会更严重，本书分别从公司所持银行股权特征（参股银行比例、参股大小银行）及公司所处外部环境（地区市场化水平、地区银行业竞争程度、地区不良贷款率水平）分组检验参股银行对公司上述经济后果的影响。研究发现，参股银行导致公司管理层薪酬业绩敏感性、会计稳健性、盈余持续性、会计业绩和公司价值变差的现象主要见诸参股银行比例较高、参股小银行的公司，以及处于市场化水平较低、银行业竞争程度较弱或不良贷款率较高地区的公司。研究表明，当公司更易于对所参股银行施压时，银行对公司的治理作用更弱，参股银行会对公司产生更严重的负面影响。

第四，为进一步证明上述结论的可靠性，本书还做了一系列稳健性检验。稳健性检验结论与上述结果一致。

5.2 研究贡献

第一，本书为公司参股银行经济后果的相关研究做出了重要补充。已有研究发现，公司参股银行可以缓解公司融资约束（Lu，Zhu and Zhang，2012；陈栋和陈运森，2012）。与已有研究不同，本书认为，参股银行虽可缓解公司融资约束，但也会削弱银行作为债权人的治理作用，且公司话语权越大，银行治理作用越弱，对公司产生的负面影响也越严重。由此，本书强调，分析公司参股银行的经济后果不应仅关注其缓解公司融资约束方面的积极作用，更应关注其弱化银行治理方面的消极作用。具体地，本书发现，公司参股银行会弱化银行的公司治理作用，并对公司产生一系列负面影响，该结论在公司更易向所参股银行施压时更为显著。

第二，本书发展了银行作为债权人的公司治理作用相关研究。已有大量文献指出，银行在信息搜集和信息生产方面具有规模经济和比较优势（Leland and Pyle，1977；Diamond，1984），其不仅可以在贷款发放前通过信息筛选确定潜在优质客户（Allen，1990），也可以在贷款发放后通过积极监督确保公司进行正确投资（Diamond，1984），即银行会通过减少公司的逆向选择和道德风险以发挥其公司治理作用。然而，已有文献较少关注银行发挥监督作用的前提。本书强调，银行能够发挥公司治理作用的前提是债务契约具有硬约束。当公司参股银行时，公司可以利用其股东权力向所持银行施压，导致公司的银行债务契约实际是“软约束”的，银行贷款对公司的治理作用会随之下降。由此，本书认为，公司参股银行会妨碍银行治理作用的有效发挥，其会对公司产生一系列负面影响。

第三，本书丰富了债权人治理作用与会计稳健性的相关研究。已有研究从债权人自身监督激励弱化视角论证债权人治理作用下降导致公司盈余持续性变差（Martin and Roychowdhury，2015）。与已有研究不同，本书关注债权人被动放弃监督权时，公司会计稳健性的变化。具体地，当公司成为银行股东时，其会通过向银行施压，迫使银行弱化事前筛选及事后监督，减少对公司会计稳健性的要求。具体地，本书发现，公司参股银行会导致公司会计稳健性降低。

第四，本书还拓展了债权人治理作用与公司盈余持续性的相关研究。已有研究多关注债权人治理的积极后果。Bushman and Wittenberg - Moerman（2012）认为，银团贷款主贷方声誉可以表征银行事前审批及事后监督作用，进而影响公司盈余持续性。他们发现，主贷方声誉越高，公司盈余持续性越好，公司基本面和应计与现金流的相关性越高。基于信息不对称理论、代理理论，本书强调，公司参股银行会弱化银行事前筛选及事后监督，加剧公司逆向选择及道德风险，使得公司难以在长时间内维持较高盈利能力。具体地，本书发现，公司参股银行会导致公司盈余持续性变差。

5.3 政策建议

首先，本书研究结论警示监管层应完善公司参股银行的相关政策及法规，加强对民营公司关联贷款的监管。近年来，我国政府不断出台政策法规支持民营公司参股已有银行，2013 年更是允许民营公司直接发起设立银行，实现了民营资本入股银行的“资本准入”到“机构准入”的跨越。与此同时，法规对商业银行和关联股东的关联贷款有一定限制①，如要求成立关联交易控制委员会以加强对关联交易的审查和批准、限制关联贷款规模、在财务报表附注中披露关联方和关联交易等。然而，本书研究发现，民营公司参股银行会削弱银行作为债权人的治理作用，对公司产生一系列负面影响。由此，本书强调，监管层应加强对民营公司参股银行的监管，特别是对关联贷款行为的监督，以减少银行治理作用下降带来的负面效应。

其次，本书研究结论还为我国银行改革的实践指明了方向。本书研究虽发现民营公司参股银行会弱化银行的公司治理作用，并对公司产生一系列负面影响，但上述结论主要体现在参股银行比例较高、参股小银行或处于市场化水平较低、银行业竞争程度较弱、不良贷款率较高地区的民营公司。换言之，在银行内部治理体系十分规范、地区外部市场环境较好时，银行并不会受制于股东，其仍能有效发挥公司治理作用。鉴于此，本书认为，银行业改革的重点在于，监管层应通过规范银行内部治理机制、提高信贷资源配置的市场化水平和竞争激烈程度，以强化银行对公司的治理作用。

① 中国银监会 2004 年 4 月 2 日发布的《商业银行与内部人和股东关联交易管理办法》。

5.4 研究局限及未来研究方向

5.4.1 研究局限

本书研究具有以下两个方面的局限性：

首先，本书研究采用倾向性得分法为参股银行公司寻找配对公司，该方法在解决公司参股银行内生性问题上十分重要，然而，正如 Lawrence，Minutti - Meza and Zhang（2011）所指出的，倾向性得分法也有一些缺点。其一，倾向性得分法只能依赖可观测的变量对样本进行匹配，即只能解决可观测变量对处理效应的影响，而无法解决不可观测变量对处理效应的影响。其二，由于配对后的子样本会小于总样本，其导致倾向性得分法需要在识别处理效应和获得普适结论间进行权衡（Cram，Karan and Stuart，2009）。而且，配对后的子样本中参股银行的比重与全样本不同，可能使估计结果因检验功效下降或样本间的系统性差异而产生偏差。其三，实证上没有办法完全采用参股银行前的公司特征进行样本匹配，也无法排除其他可能与参股银行事件同时发生的事件，这些都会使处理效应的估计产生偏差。

其次，本书深入研究了公司参股银行的经济后果，但并未深入分析公司参股银行的动机。本书尚未对此进行考察的原因在于，公司参股银行的动机可能千差万别，并不容易提炼出核心命题。Lu，Zhu and Zhang（2012）认为，相比于国有公司，民营公司面临“信贷歧视”问题，其更倾向于参股银行。支燕和吴河北（2011）则认为，大型企业集团面临的并非融资约束问题，而是如何优化企业资源，实现资源持续增值的问题。因此，创造和维持竞争优势才是企业参股银行的根本动因。本书认为，公司还可能基于做大市值、建立公司信贷市场声誉、获得政治地位等原因参股银行。考虑到公司参股银行动机的多样性，本书并未对此进行深入分析。

5.4.2 未来研究方向

在本书研究的基础上，未来还可以在以下两个方面拓展本书研究：

首先，本书从债权人治理缺失的视角分析了公司参股银行的经济后果，且主要强调公司参股银行对公司造成的负面影响。然而，公司参股银行也可能会对公司产生正面影响。如 Lu，Zhu and Zhang（2012）以及陈栋和陈运森（2012）都发现，公司参股银行可以缓解公司融资约束。基于此，本书认为，未来可以进一步考察公司参股银行对公司产生正面或负面影响的前提条件，从而加深学者对该问题的深入了解。

其次，本书研究发现公司参股银行会对公司产生负面经济后果，但这不能解释为何近年来大量民营公司希望发起设立民营银行的现象。Lu，Zhu and Zhang（2012）以上市公司为样本发现，由于民营公司面临“信贷歧视”，其更倾向于参股银行。但方军雄（2010）发现，在与银行的信贷关系中，上市公司实际上处于强势地位，民营上市公司并不面临“信贷歧视”。支燕和吴河北（2011）则仅基于个别案例推断了公司参股银行的动因。可见，已有针对公司参股银行动因的研究尚不完善。本书认为，未来还需要进一步对公司，特别是民营公司为何更倾向于参股银行进行深入研究。

参考文献

[1] Abdel – Khalik A R. The Effect of Aggregating Accounting Reports on the Quality of the Lending Decision: An Empirical Investigation [J]. Journal of Accounting Research, 1973, 11: pp. 104 – 138.

[2] Aghion P, P Bolton. An incomplete contracts approach to financial contracting [J]. The Review of Economic Studies, 1992, 59 (3): pp. 473 – 494.

[3] Ahmed A S, S Duellman. Accounting conservatism and board of director characteristics: An empirical analysis [J]. Journal of Accounting and Economics, 2007, 43 (2 – 3): pp. 411 – 437.

[4] Ahmed A S, S Duellman. Managerial Overconfidence and Accounting Conservatism [J]. Journal of Accounting Research, 2013, 51 (1): pp. 1 – 30.

[5] Ahmed A S, B K Billings, R M Morton and M Stanford – Harris. The Role of Accounting Conservatism in Mitigating Bondholder – Shareholder Conflicts over Dividend Policy and in Reducing Debt Costs [J]. The Accounting Review, 2002, 77 (4): pp. 867 – 890.

[6] Akerlof G A. The Market for "Lemons": Quality Uncertainty and the Market Mechanism [J]. The Quarterly Journal of Economics, 1970, 84 (3): pp. 488 – 500.

[7] Allen E. J, C R Larson and R G Sloan. Accrual reversals, earnings and stock returns [J]. Journal of Accounting and Economics, 2013, 56 (1): pp. 113 – 129.

[8] Allen F. The market for information and the origin of financial intermediation [J]. Journal of financial intermediation, 1990, 1 (1): pp. 3 – 30.

[9] Allen L, A Saunders and G F Udell. The pricing of retail deposits: concentration and information [J]. Journal of Financial Intermediation, 1991, 1 (4): pp. 335 – 361.

[10] Amihud Y, K. Garbade and M Kahan. A new governance structure for corporate bonds [J]. Stanford Law Review, 1999: pp. 447 -492.

[11] Armstrong C. S, A D Jagolinzer and D F Larcker. Chief Executive Officer Equity Incentives and Accounting Irregularities [J]. Journal of Accounting Research, 2010, 48 (2): pp. 225 -271.

[12] Atwood T. J, M S Drake and L A Myers. Book - tax conformity, earnings persistence and the association between earnings and future cash flows [J]. Journal of Accounting and Economics, 2010, 50 (1): pp. 111 -125.

[13] Baber W R, S Kang and K R Kumar. Accounting earnings and executive compensation: The role of earnings persistence [J]. Journal of Accounting and Economics, 1998, 25 (2): pp. 169 -193.

[14] Baginski S P, K S Lorek, G L Willinger and B C Branson. The Relationship between Economic Characteristics and Alternative Annual Earnings Persistence Measures [J]. The Accounting Review, 1999, 74 (1): pp. 105 -120.

[15] Bai C, Y Du, Z Tao and S Y Tong. Local protectionism and regional specialization: evidence from China's industries [J]. Journal of International Economics, 2004, 63 (2): pp. 397 -417.

[16] Bailey W, W Huang and Z Yang. Bank Loans with Chinese Characteristics: Some Evidence on Inside Debt in a State - Controlled Banking System [J]. The Journal of Financial and Quantitative Analysis, 2011, 46 (6): pp. 1795 -1830.

[17] Baker G P, M C Jensen and K J Murphy. Compensation and Incentives: Practice vs. Theory [J]. The Journal of Finance, 1988, 43 (3): pp. 593 -616.

[18] Ball R, R M Bushman and F P Vasvari. The debt - contracting value of accounting information and loan syndicate structure [J]. Journal of Accounting Research, 2008, 46 (2): pp. 247 -287.

[19] Barclay M J, C W Smith. The Maturity Structure of Corporate Debt [J]. The Journal of Finance, 1995, 50 (2): pp. 609 -631.

[20] Basu S. The conservatism principle and the asymmetric timeliness of earnings [J]. Journal of Accounting and Economics, 1997, 24 (1): pp. 3 -37.

[21] Beck T, A Demirguc - Kunt and V, Maksimovic. Bank competition and access to finance: International evidence [J]. Journal of Money, Credit, and Bank-

ing, 2004, 36 (3): pp. 627 – 648.

[22] Berger A N, N H Miller, M A Petersen, R G Rajan and J C Stein. Does function follow organizational form? Evidence from the lending practices of large and small banks [J]. Journal of Financial Economics, 2005, 76 (2): pp. 237 – 269.

[23] Berlin M, J Loeys. Bond Covenants and Delegated Monitoring [J]. The Journal of Finance, 1988, 43 (2): pp. 397 – 412.

[24] Bester H, M. Hellwig. Moral hazard and equilibrium credit rationing: An overview of the issues [M]: Springer, 1987.

[25] Bharath S T, J Sunder and S V Sunder. Accounting Quality and Debt Contracting [J]. The Accounting Review, 2008, 83 (1): pp. 1 – 28.

[26] Billett M T, M J Flannery and A G Jon. The Effect of Lender Identity on a Borrowing Firm's Equity Return [J]. The Journal of Finance, 1995, 50 (2): pp. 699 – 718.

[27] Billett M T, T D King and D C Mauer. Growth Opportunities and the Choice of Leverage, Debt Maturity, and Covenants [J]. The Journal of Finance, 2007, 62 (2): pp. 697 – 730.

[28] Blackwell D W, T R Noland and D B Winters. The Value of Auditor Assurance: Evidence from Loan Pricing [J]. Journal of Accounting Research, 1998, 36 (1): pp. 57 – 70.

[29] Blaylock B, T Shevlin and R J Wilson. Tax Avoidance, Large Positive Temporary Book – Tax Differences, and Earnings Persistence [J]. The Accounting Review, 2012, 87 (1): pp. 91 – 120.

[30] Bloomfield R. Discussion of "Annual report readability, current earnings, and earnings persistence" [J]. Journal of Accounting and Economics, 2008, 45 (2 – 3): pp. 248 – 252.

[31] Bolton P, D S Scharfstein. A Theory of Predation Based on Agency Problems in Financial Contracting [J]. The American Economic Review, 1990, 80 (1): pp. 93 – 106.

[32] Bolton P, D S Scharfstein. Optimal Debt Structure and the Number of Creditors [J]. Journal of Political Economy, 1996, 104 (1): pp. 1 – 25.

[33] Boyd J H, E C Prescott. Financial intermediary – coalitions [J]. Journal

of Economic Theory, 1986, 38 (2): pp. 211 -232.

[34] Bradshaw M T, R G Sloan. GAAP versus The Street: An Empirical Assessment of Two Alternative Definitions of Earnings [J]. Journal of Accounting Research, 2002, 40 (1): pp. 41 -66.

[35] Brandt L, H Li. Bank discrimination in transition economies: ideology, information, or incentives? [J]. Journal of Comparative Economics, 2003, 31 (3): pp. 387 -413.

[36] Bushman R M, R Wittenberg - Moerman. The Role of Bank Reputation in "Certifying" Future Performance Implications of Borrowers' Accounting Numbers [J]. Journal of Accounting Research, 2012, 50 (4): pp. 883 -930.

[37] Cao J, X Pan and G Tian. Disproportional ownership structure and pay - performance relationship: Evidence from China's listed firms [J]. Journal of Corporate Finance, 2011, 17 (3): pp. 541 -554.

[38] Caskey J, V. Laux. Corporate Governance, Accounting Conservatism, and Manipulation [J]. Management Science, 2016, 63 (2): pp. 424 -437.

[39] Cetorelli N, P E Strahan. Finance as a Barrier to Entry: Bank Competition and Industry Structure in Local U. S. Markets [J]. The Journal of Finance, 2006, 61 (1): pp. 437 -461.

[40] Charumilind C, R Kali and Y Wiwattanakantang. Connected Lending: Thailand before the Financial Crisis [J]. The Journal of Business, 2006, 79 (1): pp. 181 -218.

[41] Chen C J P, Z Li, X Su and Y Yao. Delegation and sensitivity of CEO turnover to firm performance within business groups: Evidence from China [J]. Journal of Accounting and Public Policy, 2012, 31 (6): pp. 553 -574.

[42] Chen H, J Z Chen, G J Lobo and Y Wang. Association Between Borrower and Lender State Ownership and Accounting Conservatism [J]. Journal of Accounting Research, 2010, 48 (5): pp. 973 -1014.

[43] Chen K C W, K C J Wei. Creditors´Decisions to Waive Violations of Accounting - Based Debt Covenants [J]. The Accounting Review, 1993, 68 (2): pp. 218 -232.

[44] Chen X, Q Jin and T Xiao. Industry Competition and Earnings Persistence:

Empirical Tests Based on Real Options Theory [J]. China Accounting and Finance Review, 2013, 15 (4): pp. 1 –71.

[45] Cheng C S A, H H Huang and Y Li. Hedge Fund Intervention and Accounting Conservatism [J]. Contemporary Accounting Research, 2015, 32 (1): pp. 392 –421.

[46] Cheng S, A Duru and Y Zhao. Antitakeover legislation and accounting conservatism: New evidence [J]. Journal of Accounting and Public Policy, 2017, 36 (2): pp. 119 –140.

[47] Childs P D, D C Mauer and S H Ott. Interactions of corporate financing and investment decisions: The effects of agency conflicts [J]. Journal of Financial Economics, 2005, 76 (3): pp. 667 –690.

[48] Chung K, D Ghicas and V Pastena. Lenders' Use of Accounting Information in the Oil and Gas Industry [J]. The Accounting Review, 1993, 68 (4): pp. 885 –895.

[49] Claessens S, S Djankov and L Klapper. Resolution of corporate distress in East Asia [J]. Journal of Empirical Finance, 2003, 10 (1 –2): pp. 199 –216.

[50] Cole R A, L G Goldberg and L J White. Cookie Cutter vs. Character: The Micro Structure of Small Business Lending by Large and Small Banks [J]. The Journal of Financial and Quantitative Analysis, 2004, 39 (2): pp. 227 –251.

[51] Collins D W, S P Kothari. An analysis of intertemporal and cross – sectional determinants of earnings response coefficients [J]. Journal of Accounting and Economics, 1989, 11 (2 –3): pp. 143 –181.

[52] Cram D P, V Karan and I Stuart. Three Threats to Validity of Choice – based and Matched – Sample Studies in Accounting Research [J]. Contemporary Accounting Research, 2009, 26 (2): pp. 477 –516.

[53] Cremers M, A Ferrell. Thirty Years of Shareholder Rights and Firm Value [J]. The Journal of Finance, 2014, 69 (3): pp. 1167 –1196.

[54] Cull R, L C Xu. Who gets credit? The behavior of bureaucrats and state banks in allocating credit to Chinese state – owned enterprises [J]. Journal of Development Economics, 2003, 71 (2): pp. 533 –559.

[55] Datta S, M Iskandar – Datta and K Raman. Value creation in corporate as-

set sales: The role of managerial performance and lender monitoring [J]. Journal of Banking & Finance, 2003, 27 (2): pp. 351 - 375.

[56] De Meza D, D Webb. Does credit rationing imply insufficient lending? [J]. Journal of Public Economics, 2000, 78 (3): pp. 215.

[57] Dechow P M, I D Dichev. The Quality of Accruals and Earnings: The Role of Accrual Estimation Errors [J]. The Accounting Review, 2002, 77: pp. 35 - 59.

[58] Dechow P M, W Ge. The persistence of earnings and cash flows and the role of special items: Implications for the accrual anomaly [J]. Review of Accounting Studies, 2006, 11 (2 - 3): pp. 253 - 296.

[59] Dechow P, W Ge and C Schrand. Understanding earnings quality: A review of the proxies, their determinants and their consequences [J]. Journal of Accounting and Economics, 2010, 50 (2 - 3): pp. 344 - 401.

[60] Dehejia R H, S Wahba. Causal effects in nonexperimental studies: Reevaluating the evaluation of training programs [J]. Journal of the American statistical Association, 1999, 94 (448): pp. 1053 - 1062.

[61] Dehejia R H, S Wahba. Propensity score - matching methods for nonexperimental causal studies [J]. Review of Economics and statistics, 2002, 84 (1): pp. 151 - 161.

[62] Dehejia R. Practical propensity score matching: a reply to Smith and Todd [J]. Journal of Econometrics, 2005, 125 (1): pp. 355 - 364.

[63] Demsetz H, K Lehn. The Structure of Corporate Ownership: Causes and Consequences [J]. Journal of Political Economy, 1985, 93 (6): pp. 1155 - 1177.

[64] Deng S, Y Li, G J Lobo and P Shao. Loan Sales and Borrowers' Accounting Conservatism [J]. Contemporary Accounting Research, 2018, 35 (2): pp. 1166 - 1194.

[65] Denis D J, D K Denis. Managerial discretion, organizational structure, and corporate performance: A study of leveraged recapitalizations [J]. Journal of Accounting and Economics, 1993, 16 (1 - 3): pp. 209 - 236.

[66] Diamond D W. Financial intermediation and delegated monitoring [J]. The Review of Economic Studies, 1984, 51 (3): pp. 393 - 414.

[67] Diamond D W. Debt Maturity Structure and Liquidity Risk [J]. The Quar-

terly Journal of Economics, 1991a, 106 (3): pp. 709 – 737.

[68] Diamond D W. Monitoring and Reputation: The Choice between Bank Loans and Directly Placed Debt [J]. Journal of Political Economy, 1991b, 99 (4): pp. 689 – 721.

[69] Diamond D W. Seniority and maturity of debt contracts [J]. Journal of Financial Economics, 1993, 33 (3): pp. 341 – 368.

[70] Diamond D W, R G Rajan. Banks, short – term debt and financial crises: theory, policy implications and applications [J]. Carnegie – Rochester Conference Series on Public Policy, 2001, 54 (1): pp. 37 – 71.

[71] Djankov S, O Hart, C Mcliesh and A Shleifer. Debt Enforcement around the World [J]. Journal of Political Economy, 2008, 116 (6): pp. 1105 – 1149.

[72] Dodd P, J B Warner. On corporate governance: A study of proxy contests [J]. Journal of Financial Economics, 1983, 11 (1 – 4): pp. 401 – 438.

[73] Easterbrook F H. Two Agency – Cost Explanations of Dividends [J]. The American Economic Review, 1984, 74 (4): pp. 650 – 659.

[74] Easton P D, M E Zmijewski. Cross – sectional variation in the stock market response to accounting earnings announcements [J]. Journal of Accounting and Economics, 1989, 11 (2 – 3): pp. 117 – 141.

[75] Eckbo B E. Valuation effects of corporate debt offerings [J]. Journal of Financial Economics, 1986, 15 (1 – 2): pp. 119 – 151.

[76] Elyasiani E, L. G. Goldberg. Relationship lending: a survey of the literature [J]. Journal of Economics and Business, 2004, 56 (4): pp. 315 – 330.

[77] Ettredge M, Y Huang and W Zhang. Earnings restatements and differential timeliness of accounting conservatism [J]. Journal of Accounting and Economics, 2012, 53 (3): pp. 489 – 503.

[78] Fairfield P M, T L Yohn. Using Asset Turnover and Profit Margin to Forecast Changes in Profitability [J]. Review of Accounting Studies, 2001, 6 (4): pp. 371 – 385.

[79] Fairfield P M, J S Whisenant and T L Yohn. Accrued Earnings and Growth: Implications for Future Profitability and Market Mispricing [J]. The Accounting Review, 2003, 78 (1): pp. 353 – 371.

[80] Fairfield P M, R J Sweeney and T L Yohn. Accounting Classification and the Predictive Content of Earnings [J]. The Accounting Review, 1996, 71 (3): pp. 337 – 355.

[81] Fama E F. What's different about banks? [J]. Journal of monetary economics, 1985, 15 (1): pp. 29 – 39.

[82] Fama E F. Contract Costs and Financing Decisions [J]. The Journal of Business, 1990, 63 (1): pp. S71 – S91.

[83] Francis B, I Hasan, J C Park and Q Wu. Gender Differences in Financial Reporting Decision Making: Evidence from Accounting Conservatism [J]. Contemporary Accounting Research, 2015, 32 (3): pp. 1285 – 1318.

[84] Francis J, R Lafond, P M Olsson and K Schipper. Costs of Equity and Earnings Attributes [J]. The Accounting Review, 2004, 79 (4): pp. 967 – 1010.

[85] Francis J, R Lafond, P Olsson and K Schipper. The market pricing of accruals quality [J]. Journal of Accounting and Economics, 2005, 39 (2): pp. 295 – 327.

[86] Frankel R, L Litov. Earnings persistence [J]. Journal of Accounting and Economics, 2009, 47 (1 – 2): pp. 182 – 190.

[87] Gertner R, D Scharfstein. A Theory of Workouts and the Effects of Reorganization Law [J]. The Journal of Finance, 1991, 46 (4): pp. 1189 – 1222.

[88] Ghosh A, Z Gu and P C Jain. Sustained Earnings and Revenue Growth, Earnings Quality, and Earnings Response Coefficients [J]. Review of Accounting Studies, 2005, 10 (1): pp. 33 – 57.

[89] Giannetti M. Do Better Institutions Mitigate Agency Problems? Evidence from Corporate Finance Choices [J]. The Journal of Financial and Quantitative Analysis, 2003, 38 (1): pp. 185 – 212.

[90] Gilson S C. Bankruptcy, boards, banks, and blockholders: Evidence on changes in corporate ownership and control when firms default [J]. Journal of Financial Economics, 1990, 27 (2): pp. 355 – 387.

[91] Gompers P, J Ishii and A Metrick. Corporate Governance and Equity Prices [J]. The Quarterly Journal of Economics, 2003, 118 (1): pp. 107 – 155.

[92] Gorton G, F A Schmid. Universal banking and the performance of German

firms [J]. Journal of Financial Economics, 2000, 58 (1-2): pp. 29-80.

[93] Graham J R, C R Harvey and S Rajgopal. The economic implications of corporate financial reporting [J]. Journal of Accounting and Economics, 2005, 40 (1-3): pp. 3-73.

[94] Green T C, R Jame. Company name fluency, investor recognition, and firm value [J]. Journal of Financial Economics, 2013, 109 (3): pp. 813-834.

[95] Grossman S J, O D Hart. Corporate financial structure and managerial incentives [A]. In: Mccall, J. J. The Economics of Information and Uncertainty [M]: University of Chicago Press, 1982: 107-140.

[96] Guo S, M W Fraser. Propensity score analysis: Statistical methods and applications [M]: Sage Publications, 2009.

[97] Hall B J, K J Murphy. The Trouble with Stock Options [J]. The Journal of Economic Perspectives, 2003, 17 (3): pp. 49-70.

[98] Harris M, A Raviv. Capital Structure and the Informational Role of Debt [J]. The Journal of Finance, 1990, 45 (2): pp. 321-349.

[99] Hart O, J Moore. Debt and Seniority: An Analysis of the Role of Hard Claims in Constraining Management [J]. The American Economic Review, 1995, 85 (3): pp. 567-585.

[100] Hart O, J. Moore. Default and Renegotiation: A Dynamic Model of Debt [J]. The Quarterly Journal of Economics, 1998, 113 (1): pp. 1-41.

[101] Haw I, J J Lee and W Lee. Debt Financing and Accounting Conservatism in Private Firms [J]. Contemporary Accounting Research, 2014, 31 (4): pp. 1220-1259.

[102] Heckman J J. Sample Selection Bias as a Specification Error [J]. Econometrica, 1979, 47 (1): pp. 153-161.

[103] Heckman J J, H Ichimura and P E Todd. Matching as an econometric evaluation estimator: Evidence from evaluating a job training programme [J]. The review of economic studies, 1997, 64 (4): pp. 605-654.

[104] Heckman J J, H Ichimura and P E Todd. Matching as an econometric evaluation estimator [J]. The Review of Economic Studies, 1998, 65 (2): pp. 261-294.

[105] Heckman J, S Navarro – Lozano. Using matching, instrumental variables, and control functions to estimate economic choice models [J]. Review of Economics and statistics, 2004, 86 (1): pp. 30 – 57.

[106] Heinkel R, J Zechner. The Role of Debt and Preferred Stock as a Solution to Adverse Investment Incentives [J]. The Journal of Financial and Quantitative Analysis, 1990, 25 (1): pp. 1 – 24.

[107] Hirschey M, M B Slovin and J K Zaima. Bank debt, insider trading, and the return to corporate selloffs [J]. Journal of Banking & Finance, 1990, 14 (1): pp. 85 – 98.

[108] Hui K W, S Klasa and P E Yeung. Corporate suppliers and customers and accounting conservatism [J]. Journal of Accounting and Economics, 2012, 53 (1 – 2): pp. 115 – 135.

[109] Hung C D, Y Jiang, F H Liu and H Tu. Competition or manipulation? An empirical evidence of determinants of the earnings persistence of the U. S. banks [J]. Journal of Banking & Finance, 2018, 88: pp. 442 – 454.

[110] James C. Some evidence on the uniqueness of bank loans [J]. Journal of Financial Economics, 1987, 19 (2): pp. 217 – 235.

[111] Jayaraman S, L Shivakumar. Agency – based demand for conservatism: evidence from state adoption of antitakeover laws [J]. Review of Accounting Studies, 2013, 18 (1): pp. 95 – 134.

[112] Jensen M C. Agency costs of free cash flow, corporate finance, and takeovers [J]. The American Economic Review, 1986, 76 (2): pp. 323 – 329.

[113] Jensen M C, K J Murphy. CEO incentives: It's not how much you pay, but how [J]. Journal of Applied Corporate Finance, 1990a, 3: pp. 36 – 49.

[114] Jensen M C, K. J. Murphy. Performance Pay and Top – Management Incentives [J]. Journal of Political Economy, 1990b, 98 (2): pp. 225 – 264.

[115] Jensen M C, W. H. Meckling. Theory of the firm: Managerial behavior, agency costs and ownership structure [J]. Journal of Financial Economics, 1976, 3 (4): pp. 305 – 360.

[116] Johnson S A. Debt Maturity and the Effects of Growth Opportunities and Liquidity Risk on Leverage [J]. The Review of Financial Studies, 2003, 16 (1):

pp. 209 – 236.

[117] Kalay A. Stockholder – bondholder conflict and dividend constraints [J]. Journal of Financial Economics, 1982, 10 (2): pp. 211 – 233.

[118] Kanagaretnam K, Y L Chee and G J Lobo. Influence of National Culture on Accounting Conservatism and Risk – Taking in the Banking Industry. [J]. Accounting Review, 2014, 89 (3): pp. 1115 – 1149.

[119] Kang J, A Shivdasani. Firm performance, corporate governance, and top executive turnover in Japan [J]. Journal of Financial Economics, 1995, 38 (1): pp. 29 – 58.

[120] Kang T, G V Krishnan, M C Wolfe and H S Yi. The Impact of Eliminating the 20 – F Reconciliation Requirement for IFRS Filers on Earnings Persistence and Information Uncertainty. [J]. Accounting Horizons, 2012, 26 (4): pp. 741 – 765.

[121] Kaplan S N, B A Minton. Appointments of outsiders to Japanese boards: Determinants and implications for managers [J]. Journal of Financial Economics, 1994, 36 (2): pp. 225 – 258.

[122] Ke B, O Rui and W Yu. Hong Kong stock listing and the sensitivity of managerial compensation to firm performance in state – controlled Chinese firms [J]. Review of Accounting Studies, 2012, 17 (1): pp. 166 – 188.

[123] Khurana I K, C Wang. Debt Maturity Structure and Accounting Conservatism [J]. Journal of Business Finance & Accounting, 2015, 42 (1 – 2): pp. 167 – 203.

[124] Kormendi R, R. Lipe. Earnings Innovations, Earnings Persistence, and Stock Returns [J]. The Journal of Business, 1987, 60 (3): pp. 323 – 345.

[125] Kornai J. Resource – Constrained versus Demand – Constrained Systems [J]. Econometrica, 1979, 47 (4): pp. 801 – 819.

[126] Kornai J. Economics of shortage [M]. Amsterdam: North – Holland, 1980.

[127] Kornai J. The place of the soft budget constraint syndrome in economic theory [J]. Journal of Comparative Economics, 1998, 26 (1): pp. 11 – 17.

[128] Kornai J, E Maskin and G Roland. Understanding the Soft Budget Con-

straint [J]. Journal of Economic Literature, 2003, 41 (4): pp. 1095 – 1136.

[129] Krishnan G V, G Visvanathan. Does the SOX Definition of an Accounting Expert Matter? The Association between Audit Committee Directors' Accounting Expertise and Accounting Conservatism [J]. Contemporary Accounting Research, 2008, 25 (3): pp. 827 – 858.

[130] Kwon Y K. Accounting Conservatism and Managerial Incentives [J]. Management Science, 2005, 51 (11): pp. 1626 – 1632.

[131] La Porta R, F Lopez – De – Silanes and G Zamarripa. Related Lending [J]. The Quarterly Journal of Economics, 2003, 118 (1): pp. 231 – 268.

[132] Laeven L. Insider lending and bank ownership: The case of Russia [J]. Journal of Comparative Economics, 2001, 29 (2): pp. 207 – 229.

[133] Lafond R, S. Roychowdhury. Managerial Ownership and Accounting Conservatism [J]. Journal of Accounting Research, 2008, 46 (1): pp. 101 – 135.

[134] Lang L H P, R M Stulz. Tobin's q, Corporate Diversification, and Firm Performance [J]. Journal of Political Economy, 1994, 102 (6): pp. 1248 – 1280.

[135] Lara J M G, B G Osma and F Penalva. Accounting conservatism and corporate governance [J]. Review of Accounting Studies, 2009, 14 (1): pp. 161 – 201.

[136] Lawrence A, M Minutti – Meza and P Zhang. Can Big 4 versus Non – Big 4 Differences in Audit – Quality Proxies Be Attributed to Client Characteristics? [J]. The Accounting Review, 2011, 86 (1): pp. 259 – 286.

[137] Leland H E, D. H. Pyle. Informational Asymmetries, Financial Structure, and Financial Intermediation [J]. The Journal of Finance, 1977, 32 (2): pp. 371 – 387.

[138] Lev B. Some economic determinants of time – series properties of earnings [J]. Journal of Accounting and Economics, 1983, 5 (1): pp. 31 – 48.

[139] Li D. Does auditor tenure affect accounting conservatism? Further evidence [J]. Journal of Accounting and Public Policy, 2010, 29 (3): pp. 226 – 241.

[140] Li F. Annual report readability, current earnings, and earnings persistence [J]. Journal of Accounting and Economics, 2008, 45 (2 – 3): pp. 221 – 247.

[141] Li J. Accounting Conservatism and Debt Contracts: Efficient Liquidation and Covenant Renegotiation [J]. Contemporary Accounting Research, 2013, 30 (3): pp. 1082 - 1098.

[142] Li K, N Prabhala. Self - selection models in corporate finance [A]. In: Eckbo, B. E. Handbook of Corporate Finance [M]: Elsevier B. V., 2007: 37 - 86.

[143] Li Q, H Wang and X Rong. Firm Earnings Persistence over the Business Cycle: Evidence from Listed Companies in China1 [J]. China Accounting and Finance Review, 2013, 15 (4): pp. 1 - 66.

[144] Lu Z, J Zhu and W Zhang. Bank discrimination, holding bank ownership, and economic consequences: Evidence from China [J]. Journal of Banking & Finance, 2012, 36 (2): pp. 341 - 354.

[145] Lummer S L, J J Mcconnell. Further evidence on the bank lending process and the capital - market response to bank loan agreements [J]. Journal of Financial Economics, 1989, 25 (1): pp. 99 - 122.

[146] Maloney M T, R E Mccormick and M L Mitchell. Managerial Decision Making and Capital Structure [J]. The Journal of Business, 1993, 66 (2): pp. 189 - 217.

[147] Martin X, S Roychowdhury. Do financial market developments influence accounting practices? Credit default swaps and borrowers' reporting conservatism [J]. Journal of Accounting and Economics, 2015, 59 (1): pp. 80 - 104.

[148] Maurer N, S Haber. Related lending and economic performance: Evidence from Mexico [J]. The Journal of Economic History, 2007, 67 (03): pp. 551 - 581.

[149] Mayer C. Financial systems, corporate finance, and economic development [A]: University of Chicago Press, 1990: 307 - 332.

[150] Mcguire J W, J S Y Chiu and A O. Elbing. Executive Incomes, Sales and Profits [J]. The American Economic Review, 1962, 52 (4): pp. 753 - 761.

[151] Mcguire T W, L A Rapping. Interindustry Wage Change Dispersion and the "Spillover" Hypothesis [J]. The American Economic Review, 1966, 56 (3): pp. 493 - 501.

[152] Morck R, A Shleifer and R W Vishny. Management ownership and market valuation: An empirical analysis [J]. Journal of Financial Economics, 1988, 20

(1 –2): pp. 293 –315.

[153] Murphy K J. Corporate performance and managerial remuneration: An empirical analysis [J]. Journal of Accounting and Economics, 1985, 7 (1 –3): pp. 11 –42.

[154] Murphy K J. Executive compensation [J]. Handbook of labor economics, 1999, 3: pp. 2485 –2563.

[155] Murphy K J. Stock – based pay in new economy firms [J]. Journal of Accounting and Economics, 2003, 34 (1 –3): pp. 129 –147.

[156] Murphy K J. Chapter 4 – Executive Compensation: Where We Are, and How We Got There [A]. In: George M. Constantinides, M. H. A. R. Handbook of the Economics of Finance [M]: Elsevier, 2013: 211 –356.

[157] Murphy K M, F. Welch. The Structure of Wages [J]. The Quarterly Journal of Economics, 1992, 107 (1): pp. 285 –326.

[158] Myers S C. Determinants of corporate borrowing [J]. Journal of Financial Economics, 1977, 5 (2): pp. 147 –175.

[159] Myers S C, N. S. Msjluf. Corporate financing and investment decisions when firms have information that investors do not have [J]. Journal of Financial Economics, 1984, 13 (2): pp. 187 –221.

[160] Nikolaev V V. Debt Covenants and Accounting Conservatism [J]. Journal of Accounting Research, 2010, 48 (1): pp. 137 –175.

[161] Nissim D, S H Penman. Ratio Analysis and Equity Valuation: From Research to Practice [J]. Review of Accounting Studies, 2001, 6 (1): pp. 109 –154.

[162] Peek E, R Cuijpers and W Buijink. Creditors' and Shareholders' Reporting Demands in Public Versus Private Firms: Evidence from Europe * [J]. Contemporary Accounting Research, 2010, 27 (1): pp. 49 –91.

[163] Rajan R G. Insiders and Outsiders: The Choice between Informed and Arm's – Length Debt [J]. The Journal of Finance, 1992, 47 (4): pp. 1367 –1400.

[164] Rajan R, A Winton. Covenants and Collateral as Incentives to Monitor [J]. The Journal of Finance, 1995, 50 (4): pp. 1113 –1146.

[165] Ramakrishnan R T, J K Thomas. Valuation of permanent, transitory, and price – irrelevant components of reported earnings [J]. Journal of Accounting, Auditing & Finance, 1998, 13 (3): pp. 301 – 336.

[166] Ramalingegowda S, Y Yu. Institutional ownership and conservatism [J]. Journal of Accounting and Economics, 2012, 53 (1 – 2): pp. 98 – 114.

[167] Richardson S A, R G Sloan, M T Soliman and O Tuna. Accrual reliability, earnings persistence and stock prices [J]. Journal of Accounting and Economics, 2005, 39 (3): pp. 437 – 485.

[168] Richardson S A, R G Sloan, M T Soliman and O Tuna. The Implications of Accounting Distortions and Growth for Accruals and Profitability [J]. The Accounting Review, 2006, 81 (3): pp. 713 – 743.

[169] Rosenbaum P R, Rubin D B. The central role of the propensity score in observational studies for causal effects [J]. Biometrika, 1983, 70 (1): pp. 41 – 55.

[170] Rountree B, J P Weston and G Allayannis. Do investors value smooth performance? [J]. Journal of Financial Economics, 2008, 90 (3): pp. 237 – 251.

[171] Rozeff M S. Growth, beta and agency costs as determinants of dividend payout ratios [J]. Journal of financial Research, 1982, 5 (3): pp. 249 – 259.

[172] Ruch G W, G. Taylor. Accounting conservatism: A review of the literature [J]. Journal of Accounting Literature, 2015, 34 (0): pp. 17 – 38.

[173] Shen Y, S Liang and D Chen. Wage and Accounting Conservatism: Evidence from China [J]. China Journal of Accounting Studies, 2013, 1 (1): pp. 32 – 46.

[174] Shleifer A, R W Vishny. A Survey of Corporate Governance [J]. The Journal of Finance, 1997, 52 (2): pp. 737 – 783.

[175] Skinner D J, E Soltes. What do dividends tell us about earnings quality? [J]. Review of Accounting Studies, 2011, 16 (1): pp. 1 – 28.

[176] Sloan R G. Do Stock Prices Fully Reflect Information in Accruals and Cash Flows about Future Earnings? [J]. The Accounting Review, 1996, 71 (3): pp. 289 – 315.

[177] Slovin M B, J E Young. Bank lending and initial public offerings [J].

Journal of Banking & Finance, 1990, 14 (4): pp. 729 – 740.

[178] Slovin M B, S A Johnson and J L Glascock. Firm size and the information content of bank loan announcements [J]. Journal of Banking & Finance, 1992, 16 (6): pp. 1057 – 1071.

[179] Smith C W, J B Warner. On financial contracting: An analysis of bond covenants [J]. Journal of Financial Economics, 1979, 7 (2): pp. 117 – 161.

[180] Soliman M T. The Use of DuPont Analysis by Market Participants [J]. The Accounting Review, 2008, 83 (3): pp. 823 – 853.

[181] Stiglitz J E, A Weiss. Credit Rationing in Markets with Imperfect Information [J]. The American Economic Review, 1981, 71 (3): pp. 393 – 410.

[182] Stulz R M. Managerial discretion and optimal financing policies [J]. Journal of Financial Economics, 1990, 26 (1): pp. 3 – 27.

[183] Subramanyam K R, J J Wild. Going – Concern Status, Earnings Persistence, and Informativeness of Earnings* [J]. Contemporary Accounting Research, 1996, 13 (1): pp. 251 – 273.

[184] Tan L. Creditor control rights, state of nature verification, and financial reporting conservatism [J]. Journal of Accounting and Economics, 2013, 55 (1): pp. 1 – 22.

[185] Wang K, X Xiao. Controlling shareholders' tunneling and executive compensation: Evidence from China [J]. Journal of Accounting and Public Policy, 2011, 30 (1): pp. 89 – 100.

[186] Watts R L. Conservatism in Accounting Part I: Explanations and Implications. [J]. Accounting Horizons, 2003, 17 (3): pp. 207 – 221.

[187] Williamson O E. Hierarchical Control and Optimum Firm Size [J]. Journal of Political Economy, 1967, 75 (2): pp. 123 – 138.

[188] Wittenberg – Moerman R. The role of information asymmetry and financial reporting quality in debt trading: Evidence from the secondary loan market [J]. Journal of Accounting and Economics, 2008, 46 (2 – 3): pp. 240 – 260.

[189] Xia D, S Zhu. Corporate Governance and Accounting Conservatism in China [J]. China Journal of Accounting Research, 2009, 2 (2): pp. 81 – 108.

[190] Xie H. The Mispricing of Abnormal Accruals [J]. The Accounting Re-

view, 2001, 76 (3): pp. 357 – 373.

[191] Xu J, C Lu. Accounting Conservatism: A Study of Market – Level and Firm – Level Explanatory Factors [J]. China Journal of Accounting Research, 2008, 1 (0): pp. 11 – 29.

[192] Yermack D. Higher market valuation of companies with a small board of directors [J]. Journal of Financial Economics, 1996, 40 (2): pp. 185 – 211.

[193] Zimmer I. A Lens Study of the Prediction of Corporate Failure by Bank Loan Officers [J]. Journal of Accounting Research, 1980, 18 (2): pp. 629 – 636.

[194] 白俊, 连立帅. 信贷资金配置差异: 所有制歧视抑或禀赋差异? [J]. 管理世界, 2012, (06): 第 30 – 42 页.

[195] 蔡贵龙, 柳建华, 马新啸. 非国有股东治理与国企高管薪酬激励 [J]. 管理世界, 2018, (05): 第 137 – 149 页.

[196] 陈德球, 钱菁, 魏屹. 家族所有权监督、董事席位控制与会计稳健性 [J]. 财经研究, 2013, (03).

[197] 陈冬华, 陈信元, 万华林. 国有企业中的薪酬管制与在职消费 [J]. 经济研究, 2005, (2): 第 92 – 101 页.

[198] 陈栋, 陈运森. 银行股权关联、货币政策变更与上市公司现金管理 [J]. 金融研究, 2012, (12): 第 122 – 136 页.

[199] 陈胜蓝, 卢锐. 股权分置改革、盈余管理与高管薪酬业绩敏感性 [J]. 金融研究, 2012, (10): 第 180 – 192 页.

[200] 陈小林, 张雪华, 闫焕民. 事务所转制、审计师个人特征与会计稳健性 [J]. 会计研究, 2016, (06).

[201] 陈信元, 靳庆鲁, 肖土盛. 行业竞争与公司盈余持续性: 基于实物期权理论 [J]. 中国会计与财务研究, 2013, 15 (4): 第 1 – 66 页.

[202] 陈信元, 靳庆鲁, 肖土盛, 张国昌. 行业竞争、管理层投资决策与公司增长/清算期权价值 [J]. 经济学 (季刊), 2014, (01): 第 305 – 332 页.

[203] 戴璐, 汤谷良. 长期"双高"现象之谜: 债务融资、制度环境与大股东特征的影响——基于上海科技与东盛科技的案例分析 [J]. 管理世界, 2007, (8): 第 129 – 139 页.

[204] 邓莉, 张宗益, 李宏胜, 刘伟. 银行在公司控制权市场中的作用研究——来自中国上市公司的证据 [J]. 金融研究, 2008, (1): 第 88 – 99 页.

[205] 窦欢，陆正飞．大股东代理问题与上市公司的盈余持续性［J］．会计研究，2017，(05)：第24－31页．

[206] 方军雄．我国上市公司高管的薪酬存在粘性吗？［J］．经济研究，2009，(3)：第110－124页．

[207] 方军雄．民营上市公司，真的面临银行贷款歧视吗？［J］．管理世界，2010，(11)：第123－131页．

[208] 耿云江，王明晓．超额在职消费、货币薪酬业绩敏感性与媒体监督——基于中国上市公司的经验证据［J］．会计研究，2016，(09)：第55－61页．

[209] 宫义飞，谢元芳．内部控制缺陷及整改对盈余持续性的影响研究——来自A股上市公司的经验证据［J］．会计研究，2018，(05)：第75－82页．

[210] 郭牧炫，廖慧．民营企业参股银行的动机与效果研究——以上市民营企业为例［J］．经济评论，2013，：第85－92页．

[211] 胡奕明，林文雄，李思琦，谢诗蕾．大贷款人角色：我国银行具有监督作用吗？［J］．经济研究，2008，(10)：第52－64页．

[212] 胡奕明，谢诗蕾．银行监督效应与贷款定价——来自上市公司的一项经验研究［J］．管理世界，2005，(5)：第27－36页．

[213] 胡奕明，周伟．债权人监督：贷款政策与企业财务状况——来自上市公司的一项经验研究［J］．金融研究，2006，(4)：第49－60页．

[214] 黄乾富，沈红波．债务来源、债务期限结构与现金流的过度投资——基于中国制造业上市公司的实证证据［J］．金融研究，2009，(9)：第143－155页．

[215] 简泽．银行债权治理、管理者偏好与国有企业的绩效［J］．金融研究，2013，(01)：第135－148页．

[216] 江伟．金融发展、银行贷款与公司投资［J］．金融研究，2011，(4)：第113－128页．

[217] 姜付秀，朱冰，王运通．国有企业的经理激励契约更不看重绩效吗？［J］．管理世界，2014，(09)：第143－159页．

[218] 雷宇．声誉、债务与会计稳健性——信任视角的一项经验研究［J］．财经研究，2012，(05)．

[219] 黎凯，叶建芳．财政分权下政府干预对债务融资的影响——基于转轨经济制度背景的实证分析［J］．管理世界，2007，(8)：第23－34页．

[220] 李平，曾勇，朱晓林．中国银行业改革对中资银行效率变化的影响[J]．管理科学学报，2013，(08)：第47－53页．

[221] 李青原，王红建，容欣．基于经济周期的公司盈余持续性研究－来自于中国上市公司的经验证据[J]．中国会计与财务研究，2013，15 (4)：第129－191页．

[222] 李世辉，雷新途．两类代理成本、债务治理及其可观测绩效的研究——来自我国中小上市公司的经验证据[J]．会计研究，2008，(5)：第30－37页．

[223] 李四海，江新峰，宋献中．高管年龄与薪酬激励：理论路径与经验证据[J]．中国工业经济，2015，(05)．

[224] 林乐，谢德仁，陈运森．实际控制人监督、行业竞争与经理人激励——来自私人控股上市公司的经验证据[J]．会计研究，2013，(09)．

[225] 林钟高，郑军，汤谢莹．关系专用性投资与高管薪酬业绩敏感性[J]．财经研究，2014，(09)．

[226] 蔺元．我国上市公司产融结合效果分析——基于参股非上市金融机构视角的实证研究[J]．南开管理评论，2010，(05)：第153－160页．

[227] 刘慧龙．控制链长度与公司高管薪酬契约[J]．管理世界，2017，(03)：第95－112页．

[228] 刘善敏，林斌．大股东掏空与经理人薪酬激励——基于资金占用的视角[J]．中国会计评论，2011，9 (4)．

[229] 卢锐．企业创新投资与高管薪酬业绩敏感性[J]．会计研究，2014，(10)：第36－42页．

[230] 卢锐，柳建华，许宁．内部控制、产权与高管薪酬业绩敏感性[J]．会计研究，2011，(10)．

[231] 陆宇建，蒋玥．制度变革、盈余持续性与市场定价行为研究[J]．会计研究，2012，(01)．

[232] 罗进辉．媒体报道与高管薪酬契约有效性[J]．金融研究，2018，(03)：第190－206页．

[233] 马连福，王元芳，沈小秀．国有企业党组织治理、冗余雇员与高管薪酬契约[J]．管理世界，2013，(05)：第100－115页．

[234] 孟焰，袁淳，高雨．盈余持续性与政策监管经济后果——非经常性

损益信息披露的影响分析 [J]. 中国会计与财务研究, 2010, 12 (1).

[235] 潘红波, 余明桂. 集团内关联交易、高管薪酬激励与资本配置效率 [J]. 会计研究, 2014, (10): 第 20－27 页.

[236] 彭韶兵, 黄益建. 会计信息可靠性与盈余持续性——来自沪、深股市的经验证据 [J]. 中国会计评论, 2007, (2): 第 219－232 页.

[237] 彭韶兵, 黄益建, 赵根. 信息可靠性、企业成长性与会计盈余持续性 [J]. 会计研究, 2008, (3): 第 43－50 页.

[238] 饶品贵, 姜国华. 货币政策波动、银行信贷与会计稳健性 [J]. 金融研究, 2011, (3): 第 51－71 页.

[239] 饶艳超, 胡奕明. 银行信贷中会计信息的使用情况调查与分析 [J]. 会计研究, 2005, (4): 第 36－41 页.

[240] 申慧慧, 黄张凯, 吴联生. 股权分置改革的盈余质量效应 [J]. 会计研究, 2009, (8): 第 40－48 页.

[241] 沈红波, 张春, 陈欣. 中国上市公司银行贷款公告的信息含量——自由现金流量假说还是优序融资假说 [J]. 金融研究, 2007, (12): 第 154－164 页.

[242] 施华强. 中国国有商业银行不良贷款内生性: 一个基于双重软预算约束的分析框架 [J]. 金融研究, 2004, (6): 第 1－16 页.

[243] 施华强, 彭兴韵. 商业银行软预算约束与中国银行业改革 [J]. 金融研究, 2003, (10): 第 1－16 页.

[244] 苏冬蔚, 熊家财. 大股东掏空与 CEO 薪酬契约 [J]. 金融研究, 2013, (12): 第 167－180 页.

[245] 孙会霞, 陈金明, 陈运森. 银行信贷配置、信用风险定价与企业融资效率 [J]. 金融研究, 2013, (11): 第 55－67 页.

[246] 孙亮, 柳建华. 银行业改革、市场化与信贷资源的配置 [J]. 金融研究, 2011, (1): 第 94－109 页.

[247] 孙铮, 刘凤委, 汪辉. 债务、公司治理与会计稳健性 [J]. 中国会计与财务研究, 2005, 7 (2): 第 112－173 页.

[248] 谭劲松, 简宇寅, 陈颖. 政府干预与不良贷款——以某国有商业银行 1988—2005 年的数据为例 [J]. 管理世界, 2012, (07): 第 29－43 页.

[249] 田利辉. 杠杆治理、预算软约束和中国上市公司绩效 [J]. 经济学

（季刊），2004，（S1）：第 15 – 26 页．

［250］ 田利辉．国有产权、预算软约束和中国上市公司杠杆治理［J］．管理世界，2005a，（07）：第 123 – 128 页．

［251］ 田利辉．制度变迁、银企关系和扭曲的杠杆治理［J］．经济学（季刊），2005b，4（S1）：第 119 – 134 页．

［252］ 王会娟，张然．私募股权投资与被投资企业高管薪酬契约——基于公司治理视角的研究［J］．管理世界，2012，（09）：第 156 – 167 页．

［253］ 王小鲁，樊纲，余静文．中国分省份市场化指数报告（2016）［M］：社会科学文献出版社，2016.

［254］ 王雄元，刘芳．客户议价能力与供应商会计稳健性［J］．中国会计评论，2014，（Z1）．

［255］ 王艳艳，于李胜，王晓珂．会计稳健性、贷款抵押与银企所有权模式［J］．会计研究，2014，（12）：第 11 – 17 页．

［256］ 吴军，白云霞．我国银行制度的变迁与国有企业预算约束的硬化——来自 1999—2007 年国有上市公司的证据［J］．金融研究，2009，（10）：第 179 – 192 页．

［257］ 伍利娜，李蕙伶．投资者理解公司会计利润和应税利润的差异信息吗？［J］．管理世界，2007，（10）：第 114 – 121 页．

［258］ 夏宁，孟焰．上市公司高管薪酬的影响因素与成因分解——一个基于分位数回归模型的实证研究［J］．中国会计评论，2014，（01）．

［259］ 肖华，张国清．内部控制质量、盈余持续性与公司价值［J］．会计研究，2013，（05）：第 73 – 80 页．

［260］ 谢平．国有商业银行改革三十年［J］．今日财富（金融版），2008，（10）：第 9 – 12 页．

［261］ 辛清泉，谭伟强．市场化改革、企业业绩与国有企业经理薪酬［J］．经济研究，2009，（11）：第 68 – 81 页．

［262］ 徐昕，沈红波．银行贷款的监督效应与盈余稳健性——来自中国上市公司的经验证据［J］．金融研究，2010，（2）：第 102 – 111 页．

［263］ 徐玉德，张昉．国企高管薪酬管制效率分析——一个基于信息租金的分析框架［J］．会计研究，2018，（05）：第 44 – 51 页．

［264］ 晏艳阳，乔嗣佳．反腐败的微观效果评价：高管激励视角［J］．经

济学动态，2018，(02)：第 36 - 48 页.

[265] 杨德明，赵璨. 媒体监督、媒体治理与高管薪酬 [J]. 经济研究，2012，(6)：第 116 - 126 页.

[266] 姚树洁，冯根福，姜春霞. 中国银行业效率的实证分析 [J]. 经济研究，2004，(08)：第 4 - 15 页.

[267] 姚树洁，姜春霞，冯根福. 中国银行业的改革与效率：1995—2008 [J]. 经济研究，2011，(08)：第 4 - 14 页.

[268] 于东智. 资本结构、债权治理与公司绩效：一项经验分析 [J]. 中国工业经济，2003，(1)：第 87 - 94 页.

[269] 余明桂，潘红波. 政府干预、法治、金融发展与国有企业银行贷款 [J]. 金融研究，2008，(09)：第 1 - 22 页.

[270] 翟胜宝，易旱琴，郑洁，唐玮，曹学勤. 银企关系与企业投资效率——基于我国民营上市公司的经验证据 [J]. 会计研究，2014，(04)：第 74 - 80 页.

[271] 翟胜宝，张胜，谢露，郑洁. 银行关联与企业风险——基于我国上市公司的经验证据 [J]. 管理世界，2014，(04)：第 53 - 59 页.

[272] 张国清，赵景文. 资产负债项目可靠性、盈余持续性及其市场反应 [J]. 会计研究，2008，(3)：第 51 - 57 页.

[273] 张健华. 我国商业银行效率研究的 DEA 方法及 1997—2001 年效率的实证分析 [J]. 金融研究，2003，(3)：第 11 - 25 页.

[274] 张路，张瀚文. 超募资金与高管薪酬契约 [J]. 会计研究，2017，(04)：第 38 - 44 页.

[275] 张敏，王成方，刘慧龙. 冗员负担与国有企业的高管激励 [J]. 金融研究，2013，(05)：第 140 - 151 页.

[276] 张天舒. 董事会成员数奇偶性、治理效率与公司业绩 [J]. 世界经济，2013，(03).

[277] 赵德武，曾力，谭莉川. 独立董事监督力与盈余稳健性——基于中国上市公司的实证研究 [J]. 会计研究，2008，(9)：第 55 - 63 页.

[278] 赵刚，梁上坤，王玉涛. 会计稳健性与银行借款契约——来自中国上市公司的经验证据 [J]. 会计研究，2014，(12)：第 18 - 24 页.

[279] 支燕，吴河北. 动态竞争环境下的产融结合动因——基于竞争优势

内生论的视角［J］．会计研究，2011，(11)：第72－77页．

［280］周黎安．晋升博弈中政府官员的激励与合作——兼论我国地方保护主义和重复建设问题长期存在的原因［J］．经济研究，2004，(6)：第33－40页．

［281］周黎安．中国地方官员的晋升锦标赛模式研究［J］．经济研究，2007，(7)：第36－50页．

［282］朱南，卓贤，董屹．关于我国国有商业银行效率的实证分析与改革策略［J］．管理世界，2004，(2)：第18－26页．

［283］朱松，陈关亭，杜雯翠．持股金融机构、融资约束与企业现金储备［J］．中国会计与财务研究，2014，16（3)：第1－62页．

［284］祝继高．会计稳健性与债权人利益保护——基于银行与上市公司关于贷款的法律诉讼的研究［J］．会计研究，2011，(05)：第50－57页．

［285］祝继高．银行与企业交叉持股的理论与依据——基于国际比较的研究［J］．国际金融研究，2012，(02)：第58－68页．

［286］祝继高，陆正飞，张然，叶康涛．银行借款信息的有用性与股票投资回报——来自A股上市公司的经验证据［J］．金融研究，2009，(1)：第122－135页．

致　谢

在本书完成之际，金融市场发生了一系列关于银行治理的大事件。2019 年 5 月 24 日，包商银行出现严重信用风险，中国人民银行和中国银保监会宣布对包商银行进行接管。2019 年 7 月 28 日，锦州银行正式宣布引进工银投资、信达投资、中国长城资产三位战略投资者，锦州银行董事会被调整。此类事件频发使我们进一步认识到债权人治理的重要性，本书希望为相关问题的答案找到源头。

本书的成稿离不开导师王克敏教授的指导，她的每一次指导都体现在本书的字里行间。最后，本人还要感谢国家自然科学青年基金（71702192）、教育部人文社会科学研究青年基金（17YJC790186）以及中南财经政法大学中央高校基本科研业务费（青年教师创新项目）团队项目（2722020JCT023）的支持。